Inteligência emocional feminina

AGRADEÇO A TODAS AS MULHERES QUE FIZERAM E FAZEM PARTE DA MINHA VIDA.

Carminha Luciana Análi
Fernanda Ana Cristina
Carmem Ana Paula
na
Elaine Solange
e Mary
Natália Luciana
ra Josie
Patrícina Inêz
ne Paula
Arlinda Maria
ny Jacinta
Penha Karine
lda Kátia
Samira Miruca
Hellem
Andréa Juliana
Paola
Geovana Márcia
ênia
Lucinara Carmen
none
Sandra Rijarda Elis
nélia
Loraine Alice Cida
urdes
Margarita Gisele
Marcilia
Marli Carolina
Cláudia
Rayane Lílian
ne Daniela
Demecília
inha Janaína
Paulinha
lvana Piedade
Branca

Simone Salgado

Inteligência emocional feminina

Literare Books, 2025

Presidente do conselho:
Maurício Sita

Presidente:
Alessandra Ksenhuck

Vice-presidentes:
Cláudia Pires e Julyana Rosa

Diretora de projetos:
Gleide Santos

Gerente editorial:
Anselmo Vasconcelos

Editora júnior:
Júlia Almeida

Assistente editorial:
Emerson Xavier

Edição de texto:
Frank de Oliveira

Capa:
Oberdam Aguiar e Adapt Crew

Projeto gráfico:
Paulo Gallian

Diagramação:
Gabriel Uchima

Revisão:
Aline Graça e Márcia Victorio

Impressão:
Printi

Dados Internacionais de Catalogação na Publicação (CIP)
(Câmara Brasileira do Livro, SP, Brasil)

Salgado, Simone
Inteligência emocional feminina / Simone Salgado.
-- 2. ed. -- São Paulo : Literare Books
International, 2025.

ISBN 978-85-9455-372-0

1. Inteligência emocional 2. Mulheres - Aspectos
psicológicos I. Título.

25-256856 CDD-152.4

Índices para catálogo sistemático:

1. Inteligência emocional : Psicologia aplicada
152.4

Eliete Marques da Silva - Bibliotecária - CRB-8/9380

Literare Books International.
Alameda dos Guatás, 102 – Saúde – São Paulo, SP.
CEP: 04053-040
Fone: +55 (0**11) 2659-0968
Site: www.literarebooks.com.br
E-mail: literare@literarebooks.com.br

MISTO
Papel | Apoiando o manejo florestal responsável
FSC® C196274

A minha Maria.

Filha, a vida é uma jornada repleta de desafios, mas vale a pena ser vivida!

Que você possa caminhar com sabedoria, alegria e gratidão no coração.

Espero que você faça uso das ferramentas da inteligência emocional para ter uma travessia mais leve.

E aproveite muito sua jornada!

Love you, mom.

AGRADECIMENTOS

A todas as pessoas que me ajudaram e contribuíram para que este livro pudesse existir.

À minha equipe fantástica e do bem!

Especialmente para a minha mãe Inêz, minha irmã Joyce, minha sobrinha Nádia e minha filha Maria, as mulheres da minha vida!

E, com imensa gratidão, agradeço aos leitores da primeira edição, que com suas reflexões e feedbacks enriqueceram este projeto. Vocês foram a inspiração para esta versão revisada, e espero que continuem encontrando aqui um espaço de acolhimento e transformação.

AGRADECIMENTO ESPECIAL

Ninguém faz nada sozinho, e em se tratando deste livro, duas mulheres extraordinárias são corresponsáveis por esta obra.

Colaboradoras do S. Group há 5 e 7 anos, elas são meus braços direito e esquerdo no Instituto Simone Salgado, nos livros, cursos, palestras e demandas diárias! Sempre dão um show de eficiência, dedicação, empenho e excelência; e para melhorar nos divertimos e temos muita amizade e amor entre nós.

Márcia Victorio e Suê Ellen Silva, recebam meu respeito, carinho e gratidão, sem vocês o livro *Inteligência Emocional Feminina* não seria possível.

Love you!

Simone

PREFÁCIO POR INÊZ CARDOSO SALGADO

O livro *Inteligência Emocional Feminina*, escrito por Simone Salgado, tem como objetivo conscientizar as mulheres sobre seus valores como trabalhadora, esposa e mãe.

Ter IE é se dar como prioridade, se fortalecer nos campos físico, emocional, espiritual e psicológico. Quando alcançarmos este patamar, estaremos prontas para suportarmos umas às outras, não no sentido de "tolerar", mas no sentido de ser suporte para despertar e resgatar a autoconfiança perdida.

Ser inteligente emocionalmente nos despoja da preocupação sobre o que pensam sobre nós, e sim sabermos o que realmente somos, sem correr atrás de aplausos ou validação para nossos atos, fato que nos leva a uma derrocada emocional.

Simone Salgado fala da IE como agente de transformação em todos os ambientes, num mundo onde tudo é questionado, onde as respostas prontas pipocam controvertidas gerando um caos total jamais vivido.

Somos cobradas pelos fracassos, e invejadas pelo sucesso, também somos julgadas pelo fracasso dos filhos, pelo desequilíbrio familiar.

Ser dona de si é antes de tudo ter consciência da individualidade de cada ser humano, entender que cada um opta pelo que de melhor lhe convém.

Cabe a cada uma de nós nos cuidarmos "não só exteriormente", mas como um todo, com conteúdo, para, de mãos dadas, sermos agentes de transformação, não sobrecarregando nosso mundo feminino com culpas, que nos imputam, ou com pensamentos supérfluos que nada nos acrescentam.

Boa leitura.

SUMÁRIO

ABERTURA

Nesta edição revisada de *Inteligência Emocional Feminina*, é com muita alegria que faço o convite a você, leitor, e principalmente, a você leitora, para uma jornada mais profunda e transformadora. Se a primeira versão já nos mostrou a força e a sutileza das emoções femininas, agora, com uma visão renovada e expandida, vamos ainda mais longe. Este livro é uma celebração da nossa capacidade única de navegar pelos desafios emocionais do cotidiano com sabedoria, coragem e, acima de tudo, com autenticidade.

A obra explora a relevância da inteligência emocional no contexto feminino, considerando as particularidades biológicas, culturais e sociais que influenciam as emoções e o comportamento das mulheres.

Com dados atualizados sobre os desafios enfrentados por mulheres no mundo contemporâneo, o livro propõe reflexões sobre autoimagem, padrões de beleza e o papel das mulheres em cargos de liderança. Além disso, novas ferramentas práticas para o desenvolvimento da inteligência emocional, como o fortalecimento da autoestima, a eliminação de hábitos negativos, e a reciclagem socioemocional, sempre com ênfase no autocuidado como um pilar essencial para o bem-estar.

Tenho consciência que, infelizmente, desde a primeira edição, em 2019, não houve grandes mudanças em relação ao feminino no mundo, entretanto, não podemos desistir de continuar buscando mudanças e evolução.

O livro convida o leitor a um caminho de autoconhecimento, com o objetivo de promover uma vida mais equilibrada e emocionalmente saudável.

A inteligência emocional feminina vai além de gerenciar sentimentos; trata-se de compreender nossas próprias histórias, reconhecer a potência de nossa vulnerabilidade e desenvolver o autocuidado consciente. Em tempos de mudanças rápidas e grandes pressões, a mulher que compreende suas emoções com clareza se torna mais resiliente, mais empática e capaz de criar impacto positivo, tanto em sua vida pessoal quanto profissional.

Na edição anterior deste livro, busquei responder a questões essenciais sobre o papel da inteligência emocional no enfrentamento dos desafios específicos que as mulheres encaram diariamente. Abordei como recurso poderoso para lidar com essas situações o aprendizado da inteligência emocional, tema amplamente discutido nos últimos anos, e presente em livros que se tornaram best-sellers. Mas seria possível pensar em uma inteligência emocional voltada especificamente para as mulheres? **Poderia haver um caminho que as capacitasse a lidar de forma mais saudável com a sobrecarga decorrente das desigualdades e injustiças, que persistem apesar das lutas feministas por direitos e igualdade em tantas frentes?**

Nesta nova edição, pretendo aprofundar essas reflexões e apresentar novos dados e perspectivas que surgiram desde então. Questões como o impacto do wollying, "bullying entre mulheres" – nome dado às formas sutis de hostilidade entre mulheres – e a crescente preocupação com o etarismo e a saúde mental feminina ganham destaque. Além disso, discutiremos a importância do autocuidado, um tema cada vez mais relevante, que inclui a permissão para descansar e priorizar o próprio bem-estar, algo frequentemente negligenciado em meio às demandas do cotidiano.

A obra convida as leitoras a refletirem sobre essas novas abordagens, oferecendo ferramentas e insights atualizados para promover uma vida emocionalmente equilibrada e saudável.

Desejo que este livro sirva como uma alternativa para você alcançar o equilíbrio emocional, com ferramentas e reflexões para fortalecer sua jornada interior, e que ele contribua, positivamente, não só para a carreira de todas as mulheres, mas também para a vida pessoal, emocional, espiritual e para os relacionamentos. A cada página, espero que você se sinta mais conectada à sua essência e ao poder transformador de sua inteligência emocional.

PRÓLOGO
UMA PROPOSTA E UM PROPÓSITO

Mulheres. Elas trabalham, lutam, se esforçam, vencem, perdem, vencem de novo e se emocionam. Muitas delas batalharam e batalham para poder atuar na vida com as mesmas condições com que os homens atuam, mas sabemos que, apesar de todas as conquistas femininas, ainda está longe o dia dessa igualdade total. É preciso vencer muitos leões (e muitos cravos) a cada momento, numa tarefa em que o fato de ser mulher já de antemão aumenta o desafio e a dificuldade. A mulher que é mãe, que é esposa, que tem de se dedicar à família, muitas vezes se esquece de si mesma, deixando de lado os cuidados consigo, o que, a longo prazo, tem reflexos nocivos sobre sua autoestima. E, para aquelas que estão no ambiente corporativo, o desafio é ainda maior: estereótipos se colocam no caminho, preconceitos se manifestam e elas precisam ter muito controle para enfrentar tudo sem se esfacelar.

Um recurso para lidar com essas situações é o aprendizado da inteligência emocional, da qual temos ouvido falar muito nos últimos anos, em livros hoje consagrados como best-sellers. Mas seria possível pensar em uma inteligência emocional feminina, em um trabalho voltado especificamente para as mulheres, com suas emoções únicas, seu jeito de ser especial? Poderia haver um trabalho que as ajudasse a lidar melhor com toda a carga decorrente de desigualdades e injustiças seculares no tratamento que recebem e que toda a luta feminista em várias frentes ainda não foi capaz de apagar?

Este livro, em sua primeira edição, foi adaptado de uma tese acadêmica, que buscou lançar um olhar sobre o problema. E, mais que isso, sugerir formas de desenvolver a inteligência emocional feminina, abrindo um caminho de aprendizado pessoal, com o objetivo de fazer com que a leitora possa lidar melhor com a vida, e crescer em todos os aspectos.

A ideia de revisitar este livro nasceu da necessidade de trazer reflexões contemporâneas sobre um tema que, mesmo amplamente discutido, ainda guarda grande relevância: a inteligência emocional feminina. Desde a primeira edição, avançamos em alguns aspectos, mas também nos deparamos com novos desafios que reafirmam a importância de aprofundar o autoconhecimento, fortalecer a autoestima e desenvolver habilidades que nos permitam, enquanto mulheres, lidar com as complexidades da vida moderna.

Nesta reedição, expandimos o conteúdo original com atualizações baseadas em estudos recentes, reflexões sobre as transformações sociais e econômicas dos últimos anos, e novas ferramentas práticas que buscam contribuir ainda mais para o crescimento emocional e pessoal da leitora. Nosso objetivo é oferecer uma abordagem renovada e inspiradora que ajude mulheres a se reconhecerem como protagonistas de suas histórias, superando as barreiras que as limitam.

Queremos que esta leitura seja como uma conversa sincera e acolhedora, um espaço seguro para reflexões profundas e transformações. Ao longo dos capítulos, você encontrará histórias, dados e ferramentas que não apenas informam, mas também inspiram. Afinal, o objetivo é simples e poderoso: apoiar cada mulher a reconhecer sua própria essência e viver com mais autocompaixão e coragem.

Com esta nova edição, reafirmamos nosso compromisso com o fortalecimento emocional das mulheres e com a construção de um futuro onde o autoconhecimento e a inteligência emocional sejam ferramentas essenciais para transformar vidas e comunidades.

Dados atualizados:

Na edição anterior, busquei responder a questões essenciais e me parece que, mesmo **após 5 anos, o cenário está igual ou pior.**

Nesta revisão, buscarei destacar a importância da inclusão de dados atualizados, que refletem a realidade contemporânea enfrentada pelas mulheres brasileiras. Informações relevantes que complementam as discussões anteriores, oferecendo uma visão mais abrangente e fundamentada sobre os temas.

Nesta parte, apresentarei uma atualização dos dados e informações contidas na edição anterior. A intenção é trazer uma visão atualizada sobre os desafios enfrentados pelas mulheres, com foco em questões como inteligência emocional, saúde mental, padrões de beleza e o impacto da cultura contemporânea. Essas informações são importantes para que o leitor possa compreender a evolução das discussões sobre a condição feminina, além de refletir sobre as realidades que ainda persistem.

Ao longo deste capítulo de abertura, serão destacados dados de pesquisas recentes, estudos acadêmicos e relatórios de organizações reconhecidas, oferecendo um panorama mais preciso e relevante do cenário atual. Essa atualização não altera o teor das informações já apresentadas, mas as complementa, proporcionando uma base sólida para a reflexão e o entendimento das questões enfrentadas pelas mulheres hoje. Assim, convidamos o leitor a se engajar com esses novos dados, considerando seu impacto nas discussões sobre empoderamento feminino e igualdade de gênero.

Minha busca persistente é por responder a questões como:

- ✓ Apesar de tantos discursos sobre igualdade entre gêneros e da garantia dos direitos da mulher, por que algumas mulheres ainda se submetem à imposição de um padrão de beleza inalcançável para a maioria delas?
- ✓ O mercado de trabalho tem permitido às mulheres enfrentar o desafio de conciliar trabalho e vida pessoal?
- ✓ A falta de autoconhecimento e de inteligência emocional está nas raízes do problema?

A armadilha feminina: por que mulheres aceitam padrões irrealistas?

A pressão para seguir padrões de beleza inatingíveis ainda afeta muitas mulheres, apesar dos avanços no discurso sobre igualdade de gênero e direitos. Um estudo de **2020** da *Journal of Global Health* revelou que 60% das mulheres em países desenvolvidos relatam sentir pressão para se conformar a um padrão de beleza específico, exacerbado por mídias sociais e influenciadoras digitais. Mesmo com a conscientização crescente sobre diversidade corporal, o impacto da idealização de uma estética única permanece forte, alimentado por uma indústria multibilionária de beleza que perpetua inseguranças.

As redes sociais continuam a desempenhar um papel importante na intensificação dessa pressão. Pesquisadores da *University of South Australia* em **2021** descobriram que mulheres que usam plataformas como Instagram e TikTok por mais de três horas diárias têm 50% mais chances de relatar insatisfação com a própria aparência. O uso frequente de filtros e edições nas imagens digitais cria um padrão de beleza inacessível para a maioria, intensificando a comparação social e contribuindo para transtornos de imagem corporal, como mostra um estudo de **2022** publicado na *Body Image Journal*, que identificou que 78% das mulheres jovens associam o uso de redes sociais à diminuição da autoestima.

Mesmo com os avanços na luta pelos direitos das mulheres, os resquícios de uma cultura patriarcal ainda influenciam a maneira como as mulheres percebem seu valor. Muitas internalizam esses padrões de beleza como uma forma de evitar julgamentos ou exclusão social. E apesar dos esforços para promover a igualdade de gênero, ainda há uma necessidade urgente de mudanças culturais que priorizem o bem-estar feminino sobre padrões estéticos inatingíveis.

Também o mercado de trabalho ainda apresenta desafios significativos para as mulheres na conciliação entre trabalho e vida pessoal, apesar dos avanços em direitos e políticas de equidade de gênero. Um estudo de **2021** realizado pela *McKinsey & Company* destacou que as mulheres são desproporcionalmente afetadas pelas demandas duplas de carreira e responsabilidades domésticas. Nos Estados Unidos, por exemplo, 42% das mulheres relataram dificuldades em equilibrar as duas áreas, comparado a 29% dos homens. Mesmo em ambientes de trabalho que adotam políticas de flexibilidade, como o home office, a carga mental e emocional de cuidar da família recai, na maior parte, sobre as mulheres, como indicam estudos da *Harvard Business Review*.

Durante a pandemia de Covid-19, essas disparidades se tornaram ainda mais evidentes. O *Institute for Women's Policy Research* realizou uma pesquisa em **2021** e revelou que 865 mil mulheres deixaram o mercado de trabalho apenas nos Estados Unidos no auge da crise sanitária, em grande parte devido à necessidade de cuidados com os filhos, que deixaram de frequentar a escola ou creches. Essa realidade aponta que, apesar das políticas de igualdade de gênero, as mulheres continuam assumindo a maior parte das responsabilidades domésticas, dificultando a sua permanência e crescimento no mercado de trabalho.

> *Uma mulher com voz é, por definição, uma mulher forte. Mas a busca para encontrar essa voz pode ser extraordinariamente difícil.*
>
> **Melinda Gates**

Além disso, o impacto emocional e físico dessa sobrecarga tem levado muitas mulheres a questionar sua capacidade de equilibrar carreira e vida pessoal a longo prazo. Segundo um relatório da *Deloitte*, de **2022**, 53% das mulheres no ambiente corporativo relataram esgotamento devido à tentativa de conciliar múltiplas demandas. Isso reforça a necessidade de mudanças estruturais nas empresas, como o acesso a políticas de licença parental mais equitativas, programas de apoio à saúde mental e maior flexibilidade de horário, a fim de promover um ambiente de trabalho que verdadeiramente suporte a mulher moderna em suas diversas funções.

Apesar dos significativos avanços em relação aos direitos das mulheres e à sua representação em várias esferas da sociedade, a imagem feminina ainda é frequentemente reduzida à beleza estética devido a uma combinação de fatores culturais, sociais e midiáticos. A persistência de padrões de beleza irrealistas e a idealização da aparência feminina nas mídias sociais e tradicionais perpetuam a ideia de que a autoestima e o valor das mulheres estão intrinsecamente ligados à sua aparência.

Além disso, as normas de gênero profundamente enraizadas e as expectativas sociais ainda influenciam a forma como as mulheres são percebidas e tratadas. A ideia de que a beleza é um dos principais atributos femininos é reforçada desde a infância, por meio de brinquedos, filmes e publicidade. Essa narrativa reduz a complexidade das mulheres a uma única dimensão, ignorando suas habilidades, talentos e contribuições significativas para a sociedade. A desvalorização de características não estéticas nas mulheres impacta sua autoconfiança e pode limitar suas oportunidades profissionais e pessoais.

Mesmo com a crescente conscientização sobre a diversidade e a inclusão, as estruturas sociais que sustentam esses estereótipos ainda são poderosas. Campanhas que promovem a autoaceitação e a diversidade de corpos estão emergindo, mas a luta contra os padrões tradicionais de beleza continua. Assim, a redução da imagem feminina à estética permanece um desafio significativo, exigindo esforços contínuos para reeducar a sociedade sobre o valor das mulheres além de sua aparência.

> *A beleza começa no momento em que você decide ser você mesma.*
>
> **Coco Chanel**

Tenho insistido desde a primeira edição do *Inteligência Emocional Feminina* que a falta de autoconhecimento e de inteligência emocional desempenha papel central na dificuldade que muitas mulheres enfrentam ao priorizarem o autocuidado. Segundo um estudo da *American Psychological Association*, publicado em **2020**, a ausência de habilidades de autogestão emocional e consciência de suas próprias necessidades pode levar a altos níveis de estresse, o que afeta negativamente o bem-estar físico e mental. Sem esse autoconhecimento, muitas mulheres tendem a se colocar em segundo plano, priorizando as demandas externas e ignorando sinais de esgotamento e sobrecarga emocional.

Além disso, a pesquisa realizada pela *Harvard Business Review* em **2021** revelou que as mulheres frequentemente sofrem com a pressão de expectativas sociais e culturais que associam o sucesso feminino à capacidade de atender às necessidades dos outros, ao invés de cuidar de si mesmas. Isso cria uma barreira psicológica para que elas reconheçam a importância de investir em seu próprio bem-estar, agravada pela falta de ferramentas adequadas para gerenciar suas emoções e estabelecer limites saudáveis.

A inteligência emocional, nesse contexto, é fundamental para que as mulheres desenvolvam a coragem de cuidar de si mesmas em primeiro lugar. De acordo com a *World Economic Forum*, em seu relatório de **2022**, as habilidades emocionais são fundamentais para que as mulheres aprendam a identificar e enfrentar padrões limitantes, permitindo-lhes quebrar ciclos de autossacrifício e encontrar um equilíbrio mais saudável entre suas responsabilidades pessoais e profissionais. O desenvolvimento dessas habilidades promove não só a saúde mental, mas também a capacidade de se posicionar de forma assertiva em diferentes esferas da vida.

CA
PÍ
TU
LO

1

MAIS QUE A BELEZA, A INTELIGÊNCI

Ó, BELEZA! ONDE ESTÁ

tua verdade?

William
Shakespeare

Apesar do discurso da igualdade entre gêneros e da garantia dos direitos das mulheres, por que algumas delas ainda se submetem à imposição de um padrão de beleza praticamente inalcançável? Por qual motivo isso continua a acontecer, apesar de tantos discursos contrários? O mundo corporativo tem permitido às mulheres conciliar trabalho e vida pessoal? A falta de autoconhecimento e de inteligência emocional estaria nas raízes do problema?

A inteligência emocional feminina é um tema de relevância atualmente. Vivemos tempos de grandes mudanças sociais e profundas modificações no mercado de trabalho – alterações nas profissões e nos vínculos trabalhistas organizacionais, desemprego, subemprego – que exigem da mulher habilidades diferenciadas para que ela possa se incluir nesse ambiente.

> *Vivemos também tempos de uma "ditadura da beleza", que escraviza a maioria das mulheres.*

É comum estarmos às voltas com um mercado de trabalho restrito, porém ávido de profissionais bem formados, proativos, flexíveis, motivados, capazes de enfrentar e solucionar os problemas do cotidiano, comprometidos com valores e ações relacionados com a qualidade, com a capacidade de empreender, com a formação da cidadania e da responsabilidade social. No mercado de trabalho, dois dos grandes desafios para as mulheres são conseguir uma vaga condizente com sua capacidade e potencial profissional e lidar com as cobranças impostas pela sociedade.

Brasileira, residente nos Estados Unidos há mais de vinte anos e empresária há muito mais tempo, na área financeira e administrativa, passei por grandes desafios profissionais. Ao longo de cerca de três anos atuando diretamente como *master coach* em cursos, programas e atendimentos individuais pelo Instituto Simone Salgado, observei, de forma não sistemática, relatos de alunas e de clientes do sexo feminino sobre as dificuldades enfrentadas pela ausência de inteligência emocional. Eles incluíam considerações sobre as mudanças ocorridas na vida de cada uma delas após a realização dos cursos, seus anseios em relação ao mundo do trabalho e suas expectativas quanto à construção de um futuro profissional e pessoal. Recebi também devolutivas de empresas parceiras sobre a importância da inteligência emocional para o universo corporativo.

Tais relatos trazem indícios de que a relação entre a mulher e o mercado de trabalho é afetada pela falta de inteligência emocional, assim como ocorre com o desejo de conciliar vida pessoal e profissional; são essas influências que este livro tem por objetivo identificar, esclarecer e compreender.

Desde o lançamento da primeira edição da obra em 2019, novos estudos têm reforçado a relevância da inteligência emocional (IE) como um diferencial imprescindível para mulheres que buscam equilibrar as demandas da vida profissional e pessoal. A pandemia de COVID-19 trouxe mudanças drásticas, intensificando os desafios enfrentados pelas mulheres no mercado de trabalho e em suas casas. Dados da Organização Internacional do Trabalho (OIT, 2020) mostram que elas foram as mais afetadas pela perda de empregos e pela sobrecarga do trabalho doméstico, dificultando ainda mais a busca por equilíbrio. Nesse cenário, a IE destaca-se como uma ferramenta indispensável para gerenciar emoções, adaptar-se às novas rotinas e lidar com o estresse das mudanças.

Segundo o relatório *Women in the Workplace 2022*, da McKinsey & Company e LeanIn.Org, mulheres com alta IE tendem a se destacar em cargos de liderança, demonstrando habilidades como resiliência, empatia e comunicação assertiva. No entanto, enfrentam pressões adicionais, sobretudo entre os 25 e 45 anos, fase em que conciliam responsabilidades familiares com o desenvolvimento de suas carreiras. Essas competências emocionais são fundamentais para estabelecer limites saudáveis, tomar decisões assertivas e priorizar o bem-estar individual sem comprometer o desempenho profissional.

Pesquisas recentes também apontam como a falta de apoio emocional e de flexibilidade no ambiente de trabalho leva ao esgotamento, que afeta mais as mulheres do que os homens. Um levantamento de 2022 da McKinsey revelou que, embora ocupem cargos de liderança em números crescentes, muitas ainda enfrentam níveis de estresse mais elevados. Complementando essa visão, um estudo da Catalyst (2021) indica que mulheres em posições de gestão frequentemente se sentem pressionadas a suprimir emoções no ambiente profissional, prejudicando seu bem-estar e desempenho. O desenvolvimento da IE, nesses casos, fornece ferramentas práticas para gerenciar demandas emocionais, superar preconceitos e prosperar com equilíbrio.

No mercado de trabalho contemporâneo, em que responsabilidades familiares e profissionais se sobrepõem, a IE emerge como um recurso essencial para enfrentar os desafios impostos às mulheres. Esta reedição se propõe a trazer uma visão renovada sobre a importância da inteligência emocional feminina, incentivando reflexões que inspirem a construção de um equilíbrio mais sustentável entre vida pessoal e profissional.

O que é a inteligência emocional

O autor Daniel* Goleman, conhecido sobretudo pela obra *Inteligência emocional*, que merecidamente será citada muitas vezes neste livro, chamou sempre a atenção para o fato de que nos tempos atuais, para além dos diplomas e da experiência, se busca a capacidade do indivíduo de lidar de forma adequada com aqueles que estão à sua volta e consigo próprio. Em minha percepção e rotina profissional, a inteligência emocional é um fator imprescindível para que a mulher se desenvolva e atinja seus objetivos no que se refere à vida pessoal e à vida profissional.

* As referências bibliográficas completas encontram-se no final do livro.

Em seu livro *Trabalhando com a inteligência emocional*, Daniel Goleman nos diz que a inteligência emocional "significa administrar sentimentos, de forma a expressá-los apropriada e efetivamente, permitindo às pessoas trabalharem juntas, com tranquilidade, visando a metas comuns".

A Organização Mundial da Saúde (OMS) sugere programas de ensino de "habilidades de vida" que visam desenvolver comportamentos adaptativos e socialmente adequados para se aprender a negociar eficazmente com as demandas e desafios do cotidiano. Essas habilidades de vida propostas pela OMS buscam favorecer mudanças de comportamento e melhoria na qualidade de vida de forma geral. São elas:

- ✓ tomada de decisão;
- ✓ resolução de problemas;
- ✓ pensamento criativo;
- ✓ pensamento crítico;
- ✓ comunicação eficaz;
- ✓ relacionamento interpessoal;
- ✓ autoconhecimento;
- ✓ empatia;
- ✓ capacidade de lidar com as emoções e com o estresse.

Neste livro, parti do pressuposto de que a maneira de cada pessoa lidar consigo mesma e com o outro constitui um critério de avaliação profissional e social, pelo qual a mulher pode perceber a si própria, assim como reconhecer suas competências emocionais e os impactos gerados em sua vida e na vida de seus familiares.

Como afirma Daniel Goleman, a "inteligência emocional pode ser, em grande parte, aprendida e continuar a se desenvolver no transcorrer da vida, com experiências que acumulamos".

> *Muitas mulheres sofrem com o padrão de beleza imposto pela sociedade, tornando-se críticas em relação à sua aparência e vítimas de variados distúrbios emocionais e psíquicos, o que as deixa inseguras, infelizes e impedidas de identificar e construir seus sonhos, desenvolver novos relacionamentos e ocupar espaços profissionais e sociais.*

Tendo a reflexão acima como base, questiona-se: as mulheres possuem consciência de quanto estão se prejudicando ao serem seduzidas pelo padrão de beleza imposto pela sociedade? Conciliar a vida profissional e pessoal e o acúmulo de tarefas diárias realmente é uma meta consciente para a maioria delas? Os temas e ferramentas propostos nos cursos de inteligência emocional podem contribuir para a mudança de comportamentos, a fim de que elas possam aprender a gerenciar a rotina de maneira saudável? As capacidades/habilidades são identificadas e absorvidas por elas?

A proposta deste livro

Na procura de respostas para essas perguntas, abordo aqui a relação entre inteligência emocional feminina e o desafio das mulheres de conciliar vida pessoal e profissional, buscando maneiras para "esvaziar o prato" emocional, e contribuir para que elas tenham coragem e preparação adequada para cuidarem de si mesmas em primeiro lugar. Especificamente, vamos tratar das seguintes questões:

- ✓ Apesar de tantos discursos contrários, como da igualdade entre gêneros e da garantia dos direitos da mulher, por que algumas mulheres ainda se submetem à imposição de um padrão de beleza inalcançável para a maioria delas?
- ✓ O mercado de trabalho tem permitido às mulheres enfrentar o desafio de conciliar trabalho e vida pessoal?

- ✓ A falta de autoconhecimento e de inteligência emocional está nas raízes do problema?

Na primeira edição do livro, usei os dados da minha pesquisa de mestrado na qual as pessoas pesquisadas foram mulheres com idade de 30 a 60 anos, alunas e ex-alunas dos cursos do Instituto Simone Salgado, e mulheres integrantes das minhas redes sociais que atenderam ao convite para a pesquisa de forma voluntária. As participantes eram casadas ou em relacionamentos estáveis, com filhos.

A pesquisa bibliográfica focou na busca de uma concepção teórica sobre os aspectos que contemplam o tema, com o objetivo de identificar concepções sobre inteligência emocional feminina e suas implicações nas relações pessoais e profissionais da mulher, assim como seu envolvimento com o ambiente corporativo.

Minha proposta foi organizar e discutir as publicações mais recentes sobre o tema em questão, de forma que, sem a pretensão de realizar um mapeamento completo da extensa literatura, pudéssemos oferecer algumas respostas a questões importantes, como:

- ✓ Por que, apesar de alguns avanços, a imagem feminina muitas vezes ainda se reduz à questão da beleza estética?
- ✓ Tem o mercado de trabalho se preocupado com as diferenças de gênero?
- ✓ Como os temas propostos nos cursos de inteligência emocional e *coaching* podem atuar para melhorar esse quadro?

Tais temas possuem relevância significativa para o desenvolvimento feminino. Constata-se que, nos últimos anos, apesar dos avanços nos discursos sobre igualdade de gênero e direitos, muitas mulheres ainda sentem intensa pressão para aderir a padrões de beleza amplamente propagados pela mídia e pelas redes sociais. Segundo a *American Psychological Association* (APA, 2020), a exposição constante a imagens idealizadas contribui para sentimentos de inadequação e baixa autoestima, exacerbando problemas de saúde mental, como ansiedade e depressão. Esses padrões, muitas vezes inalcançáveis, reforçam expectativas irreais que afetam significativamente o bem-estar emocional feminino.

Dados do *Dove Self-Esteem Project* (2021) revelaram que 80% das meninas entre 10 e 17 anos sentem uma pressão intensa para se conformarem a esses padrões, demonstrando como essas idealizações moldam expectativas internas desde cedo. Esse cenário evidencia a necessidade de fomentar uma visão mais saudável da autoimagem, que valorize a diversidade e a autenticidade.

No mercado de trabalho, embora políticas de equilíbrio entre vida pessoal e profissional tenham avançado, os desafios permanecem significativos. O relatório *Women in the Workplace*, de 2022, da McKinsey, aponta que muitas mulheres ainda enfrentam dificuldades em conciliar responsabilidades familiares e profissionais. O aumento do trabalho remoto durante a pandemia ampliou a sobrecarga de tarefas domésticas e cuidados familiares, intensificando a chamada "segunda jornada". Essa pressão adicional não só impacta a saúde mental como também prejudica a produtividade, reforçando a importância de desenvolver inteligência emocional para lidar com essas demandas.

A falta de autoconhecimento e de inteligência emocional é uma das principais barreiras que impedem muitas mulheres de encontrar equilíbrio em suas vidas. Segundo a *Harvard Business Review* (2021), o autoconhecimento é crucial para identificar crenças limitantes e desenvolver habilidades de autorregulação em contextos desafiadores. A inteligência emocional, por sua vez, oferece ferramentas para enfrentar críticas, lidar com pressões sociais e reavaliar questões de imagem de forma construtiva.

Assim, a inteligência emocional emerge como um recurso essencial para fortalecer a resiliência e a autoconfiança femininas. Ela não apenas ajuda a superar estereótipos de beleza e a lidar com as cobranças sociais, mas também capacita as mulheres a estabelecer limites e tomar decisões que priorizem o autocuidado e o bem-estar, promovendo uma vida mais equilibrada e significativa.

Na essência do conteúdo dessa abordagem buscou-se identificar se a inteligência emocional pode contribuir para a qualidade emocional e mental da mulher, assim como para o aprimoramento de suas relações pessoais e profissionais.

Durante o decorrer do livro, será abordada a conceituação de inteligência emocional, destacando-se a inteligência emocional feminina e suas implicações na vida da mulher. Veremos os aspectos da imposição dos padrões excessivos de beleza no universo feminino. Apresentaremos os fatores que contribuem para o adoecimento emocional da mulher, dando exemplos de exercícios práticos para superar o problema e muito mais.

Apesar dos avanços nos discursos sobre igualdade de gênero e direitos femininos, os dados continuam desfavoráveis para as mulheres. Os desafios para que ocupem espaços profissionais e se posicionem de maneira protagonista permanecem intensos, e a questão que muitas enfrentam é: *até onde a mulher pode chegar?*

Como CEO do S.Group Investments, observo que promover a igualdade para mulheres em cargos de liderança exige mais do que políticas formais. Garantir condições de representatividade passa por reconhecer o fator emocional como essencial para essas mudanças. No atual cenário do empreendedorismo feminino, é evidente que eventos e encontros, embora úteis, não são suficientes. A verdadeira transformação surge com educação, aprendizado contínuo e práticas de autoconhecimento. As ferramentas de Inteligência Emocional Feminina (IEF) apresentadas neste livro são voltadas a apoiar mulheres em sua jornada de fortalecimento interno, ajudando-as a avançar com mais confiança e resiliência.

Outro aspecto crucial é o papel das mulheres em cargos de liderança no fortalecimento de outras. Esse apoio precisa ir além de discursos inspiradores, transformando-se em ações práticas de sororidade. Líderes podem criar oportunidades de crescimento ao fortalecer o emocional das mulheres ao seu redor, oferecendo ferramentas de comunicação, empoderamento e relacionamentos significativos. Essas iniciativas impulsionam o potencial de cada mulher, permitindo que conquistem posições mais elevadas e contribuam para um ambiente mais igualitário.

A pressão sobre a imagem feminina também segue como um obstáculo, exacerbada pela comparação nas redes sociais e pela supervalorização do exterior. Isso demanda um trabalho consistente de autocuidado, que vai além da aparência, abrangendo saúde mental, física, emocional e espiritual. Mulheres acima dos 40 anos, por exemplo, enfrentam desafios ainda maiores quando não tiveram acesso a informações sobre boa alimentação, exercício físico, terapia e apoio emocional. Elas lidam com barreiras significativas e pressões para atender a múltiplas expectativas, como ser bonita, inteligente, comunicativa e emocionalmente forte.

Por isso, combater a misoginia precisa ser uma bandeira levantada por todas as mulheres. O fortalecimento do ciclo de autocuidado e sororidade é indispensável para superar críticas superficiais e comparações incessantes. Em um mundo onde as mídias sociais frequentemente despertam sentimentos de inadequação, é fundamental que cultivemos juntas um ambiente de apoio mútuo, contribuindo de maneira assertiva e solidária.

Há ainda muito a ser pesquisado sobre o tema, e este livro oferece uma contribuição para a reflexão acerca da inteligência emocional feminina e sua implicação na qualidade emocional e mental da mulher. Que ele possa suscitar o interesse pelo tema e inspirar trabalhos semelhantes.

Fim da seção

Nossa conversa neste capítulo abordou:

- ☑ As exigências que a sociedade coloca para a mulher;
- ☑ Os desafios para a mulher se posicionar no mundo de hoje;
- ☑ A definição de inteligência emocional;
- ☑ Propostas para abordar o problema.

CAPÍTULO 2

INTELIGÊNCIA EMOCIONAL: UM CONCEITO, MUITAS DEFINIÇÕES

O TOPO DA INTELIGÊNCIA
é alcançar a humildade.

Textos judaicos

Ainda que o conceito de inteligência emocional (em geral associado à sigla QE, de quociente emocional, por associação com a sigla QI, de quociente de inteligência) seja relativamente novo, há um extenso histórico de pesquisas, hipóteses e aprimoramentos nessa área de estudo.

As primeiras tentativas de definir inteligência emocional surgiram na década de 1980, quando o psicólogo israelense Reuven Barn, um dos mais importantes pioneiros, teóricos e pesquisadores em inteligência emocional, utilizou a abreviatura QE para se referir a aspectos dessa área.

Mais tarde, em 1990, os psicólogos americanos John Mayer e Peter Salovey, em uma publicação, citaram pela primeira vez a expressão "inteligência emocional", apresentada como uma subclasse da inteligência social. No final da década de 1990, a ideia seria amplamente difundida pelo psicólogo Daniel Goleman, também americano.

O interesse crescente pela compreensão da capacidade humana incita cada vez mais os estudiosos a reconhecerem a importância do que chamamos hoje de inteligência emocional e a desenvolverem novas pesquisas a respeito.

De acordo com Mayer e Salovey, o conceito de inteligência emocional enfatiza a percepção e o controle da emoção e dos sentimentos. Com base em seus escritos, se pode dizer que inteligência emocional tem a ver com:

- ✓ perceber, avaliar e expressar emoções com precisão;
- ✓ acessar e/ou gerar sentimentos quando estes facilitam o pensamento;
- ✓ entender as emoções e o conhecimento emocional;

✓ regular emoções para promover o crescimento emocional e intelectual.

Existem numerosos estudos e pesquisas que buscam estabelecer distinções entre as diversas visões sobre inteligências ditas tradicionais, práticas, acadêmicas e abstratas. Pelo exame de diversos autores, verifica-se que ainda há divergências de opinião entre os principais pesquisadores do assunto.

Nesse cenário, muitos deles definem e redefinem o conceito de inteligência emocional de diversas maneiras, o que torna quase impossível listar todas as formas expressadas. Sendo assim, optamos por adotar a definição utilizada por Daniel Goleman, em sua obra *Inteligência emocional*:

> *A capacidade de criar motivações para si próprio e de persistir num objetivo apesar dos percalços; de controlar impulsos e saber aguardar pela satisfação de seus desejos; de se manter em bom estado de espírito e de impedir que a ansiedade interfira na capacidade de raciocinar; de ser empático e autoconfiante.*

Já no livro *Trabalhando com a inteligência emocional*, publicado no Brasil em 1998, Daniel Goleman retoma a definição do termo como a "capacidade de identificar os nossos próprios sentimentos e os dos outros, de nos motivar e de administrar as emoções em nós e em nossos relacionamentos".

Dessa forma, uma pessoa emocionalmente inteligente seria aquela que é capaz de identificar suas emoções com mais facilidade e de aprender a se autodominar. E, na mesma obra, o autor cita Aristóteles para validar sua afirmação: "Qualquer um pode zangar-se – isso é fácil. Mas zangar-se com a pessoa certa, na hora certa, pelo motivo certo e da maneira certa – não é fácil".

A incapacidade de equilibrar os aspectos da inteligência emocional afeta negativamente a vida do ser humano, incluindo áreas como a saúde, o trabalho e os relacionamentos com familiares, filhos e amigos.

Em outras palavras, é importante termos paixões, já que, se elas forem bem aplicadas, podem nos ser úteis em termos de organizar nossos pensamentos e facilitar nossa sobrevivência. Ou seja:

> *Não é proibido ter emoções, o importante é saber lidar adequadamente com elas.*

Quando a expressão e o processamento das emoções ficam comprometidos e não há compreensão dos próprios sentimentos, a pessoa tende a se tornar mais vulnerável e suscetível a estresse, depressão, ansiedade, entre outros desequilíbrios emocionais.

Esses fatores também podem afetar áreas da saúde, dando origem a uma bola de neve cada vez mais difícil de controlar. Como afirma o autor Augusto Cury, no livro *A ditadura da beleza e a revolução das mulheres*, "se você não souber gerir sua emoção, será quase impossível viver sem se acidentar, se estressar e esgotar o cérebro". Assim, o controle das emoções é uma das características de pessoas que possuem alta inteligência emocional.

Um dos problemas desenvolvidos pelo baixo nível de inteligência emocional é a ansiedade. Augusto Cury, em sua obra *Gestão da emoção*, aborda o tema ansiedade por dois aspectos: saudável e doentio.

Para o autor:

> *A ansiedade é saudável quando exerce um papel motivador, impulsionador, incentivando conquistas positivas. Entretanto, quando passa a ter um papel doentio, causando sérios problemas para o indivíduo, ela é traduzida como "irritabilidade, humor depressivo, angústia, baixo limiar para frustrações, fobias, preocupações crônicas, apreensão contínua, obsessão, velocidade exacerbada dos pensamentos".*

Tem-se investigado se a inteligência emocional contribui para que os indivíduos consigam lidar melhor com sintomas psíquicos negativos em ambientes pessoais ou profissionais.

Em um estudo sobre a definição das aptidões da inteligência emocional, Daniel Goleman destaca a categorização dessas aptidões definidas por Mayer e Salovey, e as divide em cinco domínios principais, descritos no quadro a seguir.

Os cinco domínios principais da inteligência emocional

Conhecer as próprias emoções: refere-se à capacidade de controlar sentimentos a cada momento, favorecendo o "discernimento emocional e a autocompreensão";

Lidar com emoções: como um facilitador do pensamento, diz respeito à atuação da emoção nos processos mentais de pensamento e inteligência, auxiliando no processo intelectual e promovendo a autoconsciência;

Motivar-se: respeito à busca do autocontrole e automotivação, colocando as emoções em prol de um objetivo principal;

Reconhecer emoções nos outros: se refere à precisão do indivíduo em identificar emoções e conteúdo emocional em si próprio e em outras pessoas. Promove a autoconsciência emocional e a empatia;

Lidar com relacionamentos: abrange a aptidão de lidar com as emoções dos outros. Sugere habilidades de popularidade, eficiência interpessoal e liderança.

Obviamente, as pessoas diferem em suas aptidões em cada um dos domínios citados, podendo ter mais habilidade em um e serem ineptas em outro. Mas, para esse autor, é possível remediar as falhas referentes a aptidões emocionais, pois os hábitos e respostas, com algum empenho, podem ser melhorados em cada um desses campos.

O conceito de inteligência emocional aplica-se também ao contexto laboral. O trabalho é uma das principais atividades da vida e as pessoas passam grande parte do seu tempo no ambiente de trabalho, o que tem impacto direto na sua saúde física e mental. E o equilíbrio no relacionamento com os colegas é influenciado pelo aspecto emocional, num lugar em que normalmente é difícil equilibrar a carga de responsabilidades e a quantidade de tarefas a serem realizadas com os fatores sociais envolvidos.

Quando há um baixo nível de inteligência emocional para manter a motivação e estabelecer boas relações com colegas, subordinados e superiores, a produtividade pode ficar comprometida.

Hoje, as referências no mercado de trabalho estão mudando. Atravessamos transformações sociais de grande impacto e profundas modificações na vida corporativa, com alterações nas profissões e nos vínculos trabalhistas organizacionais, as quais, ao lado dos efeitos desemprego e do subemprego, exigem habilidades diferenciadas.

> *Hoje, já não basta ser inteligente, nem ter uma boa formação acadêmica ou uma comprovada experiência profissional.*

Junto com tudo isso, é importante saber lidar consigo mesmo e com os outros. Isso agora é levado em conta pelas empresas na hora de elas fazerem contratações, promoções ou dispensas. Essa capacidade é o que é chamado de inteligência emocional.

Percebe-se que, no mundo corporativo, o que se espera dos indivíduos, hoje, na maioria das empresas, é a habilidade para lidar com as próprias emoções e com as dos outros, saber trabalhar em equipe e ter liderança.

A inteligência emocional seria então a capacidade de gerir os sentimentos e a expressão deles, para que as pessoas possam trabalhar em conjunto de forma tranquila e terem mais condições de alcançarem seus objetivos.

Além da saúde e do trabalho, outras áreas são influenciadas pelas emoções. Quando pensamos nos relacionamentos amorosos e afetivos, a inteligência emocional se torna ainda mais crucial. Os desafios do casamento, os cuidados com os filhos e o relacionamento com pais e irmãos podem ficar mais simples com o uso da inteligência emocional. E um ponto fundamental para alcançar a inteligência emocional é conhecer a si mesmo, ter uma boa percepção dos sentimentos, na hora mesmo em que eles se manifestam. Controlar as emoções, expressar os sentimentos e entender os anseios e dores dos outros é fundamental para garantir a prosperidade nos relacionamentos pessoais e profissionais.

Nesse contexto, outra questão considerada neste livro é a questão de gênero. Assim sendo, o próximo item abordará a inteligência emocional feminina (IEF).

Questão de gênero

A questão de gênero no mercado de trabalho continua a ser um desafio central, especialmente no que diz respeito à desigualdade nas posições de liderança. Apesar dos avanços nas últimas décadas, barreiras significativas ainda limitam o acesso das mulheres a cargos de alto escalão, como o de CEO. Dados de 2023 da Deloitte revelam que apenas 6,7% dos cargos de CEO no mundo são ocupados por mulheres, enquanto cerca de 19,7% das cadeiras de conselho globalmente são preenchidas por elas. Embora esses números representem progresso em relação ao passado, mostram que a paridade ainda está distante.

Nos Estados Unidos, conforme o relatório *Women in the Workplace 2023* da McKinsey, as mulheres ocupam 28% dos cargos de vice-presidência e 23% dos de vice-presidente sênior. No entanto, a progressão para os níveis mais altos de liderança ainda é limitada por diversos fatores, incluindo o conhecido "teto de vidro" — uma barreira invisível que restringe o crescimento feminino nas organizações. Expectativas sociais e estereótipos culturais perpetuam a ideia de que características como assertividade e competitividade, comumente associadas à liderança, não são compatíveis com o conceito tradicional de feminilidade, dificultando a promoção das mulheres.

Ademais, as mulheres frequentemente enfrentam o desafio adicional de equilibrar expectativas profissionais e demandas sociais, como responsabilidades familiares. Essa carga dupla não só contribui para sua sub-representação em altos cargos, mas também reforça desigualdades estruturais no mercado de trabalho.

Estudos da Organização Internacional do Trabalho (OIT) indicam que a diversidade de gênero em posições de liderança não apenas promove justiça social, mas também resulta em benefícios econômicos tangíveis, como maior inovação e melhor desempenho financeiro. Empresas que investem na inclusão de mulheres em cargos de liderança relatam maior criatividade e resiliência organizacional, destacando a relevância da equidade de gênero para o avanço do mercado.

Superar essas barreiras exige esforços contínuos, incluindo programas de mentoria, políticas de diversidade e estratégias que incentivem o desenvolvimento de lideranças femininas. Somente assim será possível transformar as estatísticas e garantir que mais mulheres assumam os espaços de destaque que merecem, contribuindo para um mercado mais igualitário e próspero.

Inteligência emocional feminina

Se inteligência e emoção são dois temas polêmicos que, mesmo após vários estudos, ainda despertam interesse dentro e fora do ambiente acadêmico, existindo, para cada um deles, um vasto campo de teorização e pesquisa, o que esperar da abordagem sobre inteligência emocional feminina?

Não é possível tratar a inteligência emocional de homens e mulheres da mesma forma. Ainda que em 70% dos casos a maneira como se interpretam e se administram as próprias emoções possa ser igual para os gêneros masculino e feminino, as mulheres apresentam algumas particularidades bem diferentes do homem.

Um exemplo é o aspecto biológico, que será abordado no próximo tópico, pois as alterações hormonais femininas durante os períodos pré-menstrual e menstrual devem ser seriamente consideradas como influenciadoras do estado emocional. Além disso, outros fatores, como culturas diversas, preconceitos e uma sociedade predominantemente machista, regida e influenciada por decisões masculinas, em que não encontramos mulheres no poder de maneira igualitária, geram uma condição opressora e influenciam diretamente os comportamentos emocionais das mulheres. A dificuldade de conciliar as tarefas domésticas, o cuidado com os filhos e o trabalho acadêmico é outro motivo de exclusão das mulheres.

Se levarmos em conta esse sistema em que a mulher é claramente excluída, ou colocada em uma condição de inferioridade ao homem, podemos perceber que haveria injustiça em tratar suas emoções da mesma maneira.

A inteligência emocional feminina é um tema de relevância na contemporaneidade, mas apesar disso, há poucos estudos específicos a respeito, os quais apresentam limitações metodológicas. Esse panorama aponta para a necessidade de investigações que demonstrem a importância e as potencialidades de se investir em mais estudos e pesquisas sobre a inteligência emocional feminina.

Para essa abordagem, faz-se necessário antes explicitar que, apesar do discurso da igualdade entre gêneros e da garantia dos direitos da mulher, existem muitas discrepâncias entre estudos realizados no que diz respeito a questões culturais, sociais e conceituais, que não serão profundamente abordadas neste livro.

Em diversos estudos, realizados ao longo das décadas, o Instituto Brasileiro de Geografia e Estatística (IBGE) aponta que há diferenças entre homens e mulheres, em vários indicadores, como mortalidade, remuneração, escolaridade e ocupação, os quais têm impacto decisivo na vida das pessoas, como se pode ver no texto reproduzido no quadro a seguir.

As diferenças e suas consequências, segundo o IBGE

> Em todas as sociedades existem diferenças entre o que é esperado, permitido e valorizado em uma mulher e o que é esperado, permitido e valorizado em um homem. Essas diferenças têm um impacto específico sobre mulheres e homens em todas as fases da vida, e podem determinar, por exemplo, diferenças na saúde, educação, trabalho, vida familiar e no bem-estar geral de cada um [...]. Na maioria das sociedades, há diferenças e desigualdades entre mulheres e homens nas funções e responsabilidades atribuídas, atividades desenvolvidas, acesso e controle sobre os recursos, bem como oportunidades de tomada de decisão. Essas diferenças e as desigualdades entre os sexos são moldadas ao longo da história das relações sociais, mudando ao longo do tempo e em diferentes culturas.

Produções acadêmicas e estatísticas sobre questões de gênero revelam essas diferenças e desigualdades e implicam a busca de respostas para questões específicas que afetam um gênero mais que o outro. Neste livro, enfocamos, especificamente, fatores que influenciam o bem-estar feminino e são motivadores do seu adoecimento no aspecto da inteligência emocional. De acordo com a definição do IBGE, que utilizaremos como embasamento para este capítulo, a palavra "sexo" se refere às diferenças biológicas entre homens e mulheres. "Gênero", por sua vez, refere-se às diferenças socialmente construídas em atributos e oportunidades associadas ao sexo feminino ou masculino e às interações e relações sociais entre homens e mulheres.

Conhecer para mudar

Nesse cenário, tem-se a intenção de contribuir para que haja mudanças e possibilidades concretas na construção de relações de gênero mais democráticas, tanto nos relacionamentos pessoais como nos profissionais, mesmo porque concordo com a ideia de que homens e mulheres fazem parte da mesma história, e não de mundos diferentes ou separados.

Dada a amplitude dos fatores relacionados ao ambiente feminino, optei por abordar quatro aspectos específicos:

- ✓ histórico cultural e preconceito;
- ✓ assentimento;
- ✓ Padrões excessivos de beleza impostos pela sociedade e pelos meios de comunicação;
- ✓ implicações biológicas nas emoções femininas.

Tais aspectos serão tratados pelo viés da inteligência emocional, e costurados tendo como base os domínios de autoconhecimento, autocompreensão, autoconsciência, automotivação, autocontrole e empatia, fundamentais para a construção da inteligência emocional feminina. Considerando que inteligência emocional é a capacidade de reconhecer diferentes emoções e sentimentos e conseguir administrar todos eles sem grandes sofrimentos, para alguns esta parece uma tarefa fácil e muitos desenvolvem essa habilidade desde pequenos. Porém, a maioria das mulheres precisa aprender ao longo da vida como lidar com as emoções no cotidiano.

Numa correlação entre inteligência cognitiva e emocional, avaliadas em testes de QI (quociente de inteligência) e de QE (quociente emocional), Daniel Goleman destaca, em um de seus muitos livros sobre inteligência emocional, que elas se fundem, mas **"ainda assim, das duas, é a inteligência emocional que contribui com um número muito maior das qualidades que nos tornam mais plenamente humanos".** Para esse pensador, "as mulheres emocionalmente inteligentes [...] tendem a ser assertivas e expressam suas ideias de um modo direto, e sentem-se bem consigo mesmas; para elas, a vida tem sentido".

As doenças mentais e emocionais às quais as mulheres estão constantemente expostas implicam uma condição que leva à limitação das capacidades funcionais, tornando-as mais vulneráveis. Fatores como alterações hormonais, a necessidade de autoconhecimento, domínio de informações para uma vida mais equilibrada e saudável e uma programação que concilie essas alterações para melhorar o desempenho nos períodos em que os hormônios estejam mais estabilizados, em tese, proporcionariam às mulheres melhores condições e qualidade de vida.

Nas seções à frente, abordaremos especificamente as questões sobre o universo feminino, tema que, no passado, sempre esteve rodeado de preconceitos; talvez agora possamos pensar de forma mais desprendida sobre a condição feminina.

Fim da seção

Nossa conversa neste capítulo abordou:

- ☑ Os conceitos de inteligência emocional;
- ☑ As aplicações da inteligência emocional nas várias áreas da vida: trabalho, relacionamento, afetos;
- ☑ As diferenças das abordagens da inteligência emocional em relação ao gênero.

CAPÍTULO 3

O FEMININO UM TEMA PARA REFLETIR

MULHER É UM BICHO ESQUISITO.

Todo mês sangra.

Rita Lee

Estimulada pelo machismo e pela ideia de inferioridade da mulher, a condição de igualdade entre homens e mulheres foi e ainda é motivo de acaloradas discussões. No texto *Reflexão sobre o feminino*, o médico psiquiatra, psicoterapeuta e escritor Flávio Gikovate aponta que, talvez, tal discussão seja improdutiva, uma vez que homens e mulheres são diferentes. É o que podemos ver pela reprodução deste texto no quadro a seguir.

As diferenças entre homem e mulher, segundo Flávio Gikovate

O bom entendimento da questão perde nos dois casos, uma vez que a mulher não é inferior e nem igual ao homem, mas sim diferente, não havendo razão para que seja estudada, tomando-se como referência a condição masculina.
Não deixa de ser surpreendente o fato de que nos deixamos governar muito mais por ideias, concepções e ideologias do que pelos fatos. As diferenças entre os sexos são óbvias e só mesmo a interferência de poderosos ingredientes emocionais pode levar homens e mulheres a defender ideias que não têm respaldo no mundo real. Quando tais ideias foram elaboradas por homens, ao longo dos séculos, a conclusão foi a inferioridade da mulher [...]. Quando, nas últimas décadas, as ideias sobre o tema foram elaboradas por mulheres, concluíram pela igualdade entre os sexos. Elas buscavam condições objetivas iguais às dos homens, o que é inegável direito, mas acabaram por generalizar suas concepções relativas a importantes aspectos da vida social; tentando, por exemplo, entender a sexualidade feminina e tomando por base a fisiologia dos homens.

Meu objetivo principal neste capítulo é abordar alguns aspectos do feminino. Entretanto, pela influência cultural, é muito difícil fazê-lo sem comparar homens e mulheres. Mas concordo com Flavio Gikovate quando ele diz que não é aconselhável se afirmar que a emotividade e a sensibilidade têm mais a ver com o feminino, e que racionalidade e agressividade são próprias do masculino. Poucas vezes é fácil discernir isso, já que as pessoas com frequência ocultam sua verdadeira natureza diante da pressão social.

Acredito, como Flávio Gikovate, que o principal é identificar e iluminar o feminino e seu papel social, suas especificidades, suas relações pessoais e profissionais, independentemente do que a sociedade espera de cada um.

Feminino: um histórico de preconceito cultural

> *As mulheres pertencem a todos os lugares onde as decisões estão sendo tomadas.*
> **Ruth Bader Ginsburg**

Neste tópico, levantamos alguns pontos de reflexão para utilizá-los como base para abordar a inteligência emocional feminina.

É sabido que as mulheres têm uma experiência histórica e cultural diferente da masculina. Os papéis sociais desempenhados por ambos os sexos em boa parte da história da humanidade foram muito diferentes. As diferenças sexuais sempre foram levadas em conta ao longo dos séculos pelos mais diferentes povos em todo o mundo.

A história nos mostra que as mulheres estiveram quase sempre encarregadas dos trabalhos domésticos, cumprindo as funções de esposa, mãe e cuidadora; e não tinham sua vontade e direitos considerados. Estavam submetidas aos homens e lhes deviam obediência.

A cultura patriarcal e machista sempre colocou a mulher sob o controle constante do homem.

Antes do casamento, a mulher era tutelada pelo pai ou pelos irmãos, depois pelo marido. Sua imagem esteve associada à ideia de uma fragilidade maior, de uma situação de total dependência.

Em um artigo sobre o tema, Paulo Silvino Ribeiro liga as questões de gênero às relações sociais e aos papéis sociais. No caso, o papel da mulher é mais estudado, segundo ele, justamente pela desigualdade entre os sexos que a prejudica. Esse autor esclarece que, "enquanto o sexo da pessoa está ligado ao aspecto biológico, o gênero (ou seja, a feminilidade ou masculinidade enquanto comportamento e identidade) diz respeito a uma construção cultural, fruto da vida em sociedade". Para ele, "as coisas de menino e de menina, de homem e de mulher, podem variar temporal e historicamente, de cultura em cultura, conforme convenções elaboradas socialmente".

A característica patriarcal das sociedades permaneceu ao longo da história, mesmo na sociedade industrial, na qual o mundo do trabalho se separou do mundo doméstico. O patriarcado persistiu, mas as mulheres das camadas populares foram submetidas ao trabalho fabril, passando a ter uma dupla jornada. A elas cabia cuidar dos filhos, dos afazeres domésticos e também do serviço remunerado. E eram tidas como inferiores aos homens em sua capacidade.

No Brasil, somente na década de 1970, a mulher ingressou no mercado de trabalho de forma mais efetiva. Isso ocorreu, entretanto, em atividades relacionadas aos serviços de cuidadoras, como enfermeiras, atendentes, professoras, educadoras em creches, nos serviços domésticos e, em pequeno número, na indústria e na agricultura.

Em fins do século XIX e início do século XX, a partir do momento em que o capitalismo se tornou a forma de organização econômica e social no mundo, a situação da mulher mudou um pouco. O capitalismo desagregou o patriarcado, mas o mesmo não se pode dizer do machismo, que continuou presente nas relações sociais na maioria das civilizações. Muitas mulheres tinham de ocupar posições subalternas nos âmbitos públicos, domésticos e empresariais, situação que persiste até os dias atuais. Muitas diferenças entre homens e mulheres no âmbito das relações sociais ainda permanecem.

Transformações notáveis foram observadas no mundo inteiro em termos de crescimento da atividade feminina nos últimos trinta anos. Mas, apesar das várias conquistas alcançadas nas questões trabalhistas, políticas e sexuais, as mulheres seguem sendo vítimas de preconceito. Os dados indicam que a mulher, ainda hoje, não ocupa cargos de liderança e de diretoria na mesma proporção que os homens, e não por falta de qualificação. Podemos considerar o cargo de reitor em universidades como exemplo. Quando analisamos o contraste entre o total de mulheres que exercem o magistrado e a quantidade delas que ocupa a função de reitora, podemos ver a disparidade.

Um estudo apresentado pelo Instituto de Matemática Pura e Aplicada (Impa) em 2018, realizado pela pesquisadora Carolina Brito, da Universidade Federal do Rio Grande do Sul (UFRGS), mostra que as mulheres são minoria nas reitorias. Ele informa que, nas universidades federais brasileiras, das pessoas que ocupam o cargo de reitor, 44 são homens e 19 são mulheres, o que equivale a 28,3%. Já na Academia Brasileira de Medicina, apesar de as mulheres serem maioria entre os formandos, em torno de 55%, há apenas cinco delas entre os 115 membros, o que representa 4,3%.

A pesquisadora ressalta ainda que, quando se olham os números de maneira geral, as mulheres são as que mais se formam. Ela destaca o que chama de "efeito tesoura", que afasta as mulheres da carreira, insistindo também no fato de que o percentual de mulheres diminui com o avanço da idade. "Em diretorias de institutos, bolsas de produtividade, de prestígio, há muito mais homens. Na física, dentre as formadas, 30% são mulheres. Em mestrado e doutorado, esse número cai para 20%. Já dentre as professoras, são 15% e, na Academia Brasileira de Ciências, apenas 5%".

Desde 2018, o número de mulheres em cargos de liderança em universidades continua a crescer, mas a presença feminina em reitorias e em altos cargos ainda enfrenta desafios significativos. Mulheres que aspiram a essas posições enfrentam dificuldades culturais e institucionais, como o conflito entre responsabilidades familiares e o desenvolvimento de suas carreiras, além de vieses inconscientes no ambiente de trabalho. Em muitos países, espera-se que as mulheres assumam papéis de suporte, e sua participação em redes de liderança masculinas permanece limitada, o que pode restringir o acesso a informações e oportunidades de desenvolvimento.

No entanto, mesmo com a atualização dos dados, até o momento dessa reedição, a maioria dos países, independentemente do seu nível de desenvolvimento, não alcançou a igualdade de gênero nas áreas de ciência, tecnologia, engenharia e matemática. De acordo com a UNESCO, atualmente, 33,3% é a porcentagem média global de pesquisadoras e apenas 35% de todos os estudantes dessas áreas são mulheres.

A pró-reitora da Universidade Federal de Uberlândia (UFU), Kárem Ribeiro, considera que as mulheres alcançaram conquistas nos últimos anos com muita luta coletiva, mas que as pesquisadoras ainda não têm o merecido respeito e condições de pesquisa e trabalho equitativas: "não é fácil e simples, mas nós mulheres pesquisadoras continuaremos a enfrentar os desafios e poderemos suplantá-los com lutas coletivas" e complementa que diversas formas de assédio ainda persistem, e a equidade das mulheres nos cargos de gestão só será alcançada quando houver um verdadeiro reconhecimento das suas condições de trabalho e dos desafios que enfrentam na sociedade.

Nos Estados Unidos e em outras regiões, programas de igualdade de gênero estão promovendo um ambiente mais inclusivo para mulheres na academia, mas mudanças estruturais são necessárias para apoiar esse avanço. Mesmo com algumas iniciativas de incentivo, o progresso em direção à paridade completa é gradual e enfrenta limitações.

Esses dados ilustram tanto o avanço quanto os obstáculos persistentes, destacando a importância de políticas que fomentem um ambiente de apoio para mulheres líderes na educação superior, incluindo treinamento em igualdade de gênero e planos de sucessão focados na diversidade.

No entanto, ainda há barreiras significativas que dificultam o acesso das mulheres a cargos de liderança na área acadêmica e científica. Para que essa realidade mude, é fundamental que existam mecanismos que garantam igualdade de oportunidades, seja por meio de políticas de alternância de poder, cotas ou reserva de percentual mínimo de cargos para mulheres. **Mas, acima de tudo, é preciso transformar a mentalidade de que a ciência é um espaço predominantemente masculino**, onde as mulheres enfrentam desafios adicionais para avançar.

Outro ponto essencial é incentivar jovens cientistas a acreditarem que podem construir carreiras sólidas, sem que o fato de serem mulheres represente um obstáculo. Situações de preconceito e desigualdade ainda são evidentes. **O mais preocupante é que, muitas vezes, apenas casos extremos de discriminação geram mudanças.** Isso mostra como é urgente um compromisso real e contínuo para garantir equidade e respeito dentro do meio acadêmico.

Na tentativa de reduzir danos e melhorar aspectos gerais da humanidade, existem iniciativas mundiais, como a Agenda 2030, um conjunto de programas, ações e diretrizes que orientará os trabalhos da Organização das Nações Unidas (ONU) e dos países-membros rumo ao desenvolvimento sustentável.

O estudo mede a desigualdade de gênero em quatro categorias: educação, saúde e sobrevivência (expectativa de vida), participação econômica e oportunidade (que analisa participação na força de trabalho, renda estimada, paridade de salários e cargos assumidos por mulheres) e política (mulheres no parlamento, em posições ministeriais e como chefes de Estado). Dos objetivos assumidos como compromisso pelos estados-membros consta um que nos interessa plenamente, o de número 5: "Alcançar a igualdade de gênero e empoderar todas as mulheres e meninas". Os termos dele são mostrados no quadro a seguir:

Objetivo número 5 da Agenda 2030

1. Acabar com todas as formas de discriminação contra todas as mulheres e meninas em toda parte.

2. Eliminar todas as formas de violência contra todas as mulheres e meninas nas esferas públicas e privadas, incluindo o tráfico e exploração sexual e de outro tipo.

3. Eliminar todas as práticas nocivas, como casamentos prematuros, forçados e de crianças e mutilações genitais femininas.

4. Reconhecer e valorizar o trabalho de assistência e doméstico não remunerado, por meio da disponibilização de serviços públicos, infraestrutura e políticas de proteção social, bem como a promoção da responsabilidade compartilhada dentro do lar e da família, conforme os contextos nacionais.

5. Garantir a participação plena e efetiva das mulheres e a igualdade de oportunidades para a liderança em todos os níveis de tomada de decisão na vida política, econômica e pública.

6. Assegurar o acesso universal à saúde sexual e reprodutiva e os direitos reprodutivos, como acordado com o Programa de Ação da Conferência Internacional sobre População e Desenvolvimento e com a Plataforma de Ação de Pequim e os documentos resultantes de suas conferências de revisão.

7. Realizar reformas para dar às mulheres direitos iguais aos recursos econômicos, bem como o acesso à propriedade e controle sobre a terra e outras formas de propriedade, serviços financeiros, herança e os recursos naturais, de acordo com as leis nacionais.

8. Aumentar o uso de tecnologias de base, em particular as tecnologias de informação e comunicação, para promover o empoderamento das mulheres.

9. Adotar e fortalecer políticas sólidas e legislação aplicável para a promoção da igualdade de gênero e o empoderamento de todas as mulheres e meninas em todos os níveis.

Em todos os lugares se buscam alternativas para melhorar a vida das pessoas, mas os indicadores mostram que o **caminho a ser percorrido para conseguir a igualdade entre mulheres e homens ainda é longo e trabalhoso**. Esses indicadores trazem a oportunidade de refletir sobre o papel atual e sobre o papel esperado das mulheres na sociedade, assim como sobre as desigualdades persistentes entre homens e mulheres em suas distintas dimensões de análise.

Dessa forma, medir e analisar a situação das mulheres em relação à dos homens estimula a mudança no caráter da discussão sobre a igualdade de gênero, saindo do passional e do superficial para um posicionamento pautado em dados objetivos, documentados e monitorados.

A questão é tão relevante que, em 2025, a ONU Mulheres elencou como tema de reflexão, direitos, igualdade e empoderamento que representa "um chamado para ações que possam ampliar a igualdade de direitos, poder e oportunidades para todas, e um futuro feminista onde nenhuma seja deixada para trás". Um convite ao protagonismo feminino nas mudanças duradouras na busca global pela igualdade de gênero.

Vale ressaltar, também, que fatores como o machismo, a intolerância e o preconceito de gênero são pilares que sustentam a violência contra a mulher ao longo da história da humanidade, principalmente se ela não tem um trabalho, independência financeira, independência psicológica ou formação intelectual.

A violência contra a mulher é uma violação dos direitos humanos e deve ser combatida por toda a sociedade, não apenas pelas mulheres. Esse problema nasce de padrões e estereótipos arraigados que ainda colocam a mulher em posição de inferioridade, tornando-a mais vulnerável às agressões. É fundamental que haja uma mudança cultural, que promova a igualdade e o respeito, garantindo que todas as mulheres sejam reconhecidas e valorizadas como indivíduos plenos.

As mulheres já conquistaram muitas coisas e seguem conquistando, mas na prática os números ainda mostram uma realidade muito diferente, de uma sociedade não igualitária, preconceituosa e violenta. O problema se agrava quando pensamos que:

> *A mulher precisa de equilíbrio emocional suficiente para lidar com as emoções de uma família com filhos e marido.*

O que significa que ela se vê diária e diretamente diante de perfis comportamentais, emoções, pensamentos e sentimentos diferentes. Além disso, na sociedade atual, é comum se atribuir à mulher a responsabilidade pelo sucesso ou insucesso da educação dos filhos.

Assim, a violência não pode ser entendida apenas pelo aspecto físico. A violência sofrida todos os dias pelas mulheres está enraizada no imaginário coletivo da nossa sociedade, e não são só os homens, mas também muitas mulheres legitimam a subordinação ao domínio do poder masculino.

A violência contra as mulheres muitas vezes se manifesta de forma sutil, camuflada na linguagem cotidiana. Expressões, jogos de palavras e discursos carregados de duplo sentido reforçam estereótipos e mantêm a ideia de subordinação feminina. Essa construção linguística cria referenciais que não refletem com justiça o papel das mulheres na sociedade, perpetuando desigualdades e naturalizando formas de opressão que, muitas vezes, passam despercebidas. Infelizmente, em muitos casos, a imagem feminina se converteu em objeto de consumo, com a consequente exploração pela mídia, servindo ao comércio e inclusive ao turismo sexual.

Em minhas experiências ao longo dos anos, me deparo constantemente com a debilitação emocional de mulheres, sobretudo com idade acima dos trinta anos, casadas, com filhos e que trabalham fora por no mínimo quarenta horas semanais, sem contar a adição das responsabilidades domésticas.

A sociedade cobra dessas mulheres – assim como elas próprias o fazem – a responsabilidade de manter um relacionamento saudável com o marido. E elas se tornam inseguras no relacionamento devido a comparações que envolvem beleza e sexualidade. Não bastasse tudo isso, elas se sentem responsáveis pelo direcionamento de cada um dos filhos de acordo com sua personalidade, desejos e vontades, por acompanhar a evolução tecnológica, aprender como são as crianças *hi-tech*, ou seja, que gostam de lidar com engenhocas da tecnologia, aprender a entrar no mundo delas sem ferir sentimentos e sem se chocar diretamente com eles, já que elas integram uma geração regida por costumes diferentes.

A sobrecarga doméstica e profissional já mencionada e a falta de tempo para cuidar de si mesma tanto no aspecto mental quanto no emocional são fatores que contribuem para o aumento de síndromes, como a síndrome de *burnout* ou esgotamento e o aumento dos níveis de depressão e ansiedade em mulheres no mundo todo.

De acordo com o Ministério da Saúde do Brasil, a síndrome de *burnout* acomete os trabalhadores provocando o esgotamento profissional. Como afirma esse órgão, trata-se de um "tipo de resposta prolongada a estressores emocionais e interpessoais crônicos no trabalho". Ela resulta da convivência profissional em um ambiente desafiador, que envolve vários tipos de relação social, diferentes de uma época em que o trabalhador podia se envolver de forma afetiva com clientes ou pacientes. Na situação atual, ainda segundo o Ministério da Saúde, ele "desgasta-se e, em um dado momento, desiste, perde a energia ou se 'queima' completamente".

Segundo estimativa da Organização Mundial da Saúde (OMS), os transtornos mentais menores acometem cerca de 30% dos trabalhadores ocupados, e os graves, cerca de 5 a 10%. Diante desse cenário, percebe-se que existe uma crescente confusão mental gerada também pela sobrecarga das atividades femininas e pelo baixo nível de inteligência emocional.

De forma geral, notam-se impactos em todas as áreas, e o caminho a ser percorrido em direção à igualdade de gênero, ou seja, em um cenário em que homens e mulheres gozem dos mesmos direitos e oportunidades em todas as dimensões, ainda é longo e exige atuação constante por parte de todos, pois se trata de igualdade e melhoria para a humanidade.

É contra esse sistema de crenças e contra toda forma de violência que devemos nos posicionar. Para o autor Sérgio Gomes da Silva, "a busca por um ideal de solidariedade humana, a luta contra as discriminações e os preconceitos muito bem arraigados em nossa cultura e, principalmente, o desejo de uma sociedade mais tolerante, mais justa, menos violenta e eticamente possível são crenças absolutas de uma sociedade e de um grupo de pessoas que acreditam que vale a pena lutar por algumas utopias [...]". Esse autor considera que tais utopias são necessárias no mundo de hoje, em que se dá menos valor aos direitos e deveres. E complementa: "A criação, portanto, de uma sociedade mais tolerante é também a criação de uma sociedade mais ética ao admitirmos ou reconhecermos o outro como se fosse um de nós, ou seja, ao passarmos a tolerar mais aquele que nos é semelhante".

Sabemos, porém, que, em meio a um cenário assustador de estatísticas de desigualdades, ainda há muitas barreiras a serem quebradas, muitos direitos a serem conquistados e muitas medidas preventivas a serem incorporadas pelas políticas públicas.

Diante do grande desafio estrutural da sociedade no combate às desigualdades, é importante considerar alguns dos domínios da inteligência emocional já citados, fundamentais para a construção da inteligência emocional feminina de forma estruturada.

Muito se fala sobre o empoderamento feminino, entretanto este parece impossível sem que as mulheres tenham percepção de quem realmente são por meio da autoconsciência e do autoconhecimento.

É pouco provável que a mulher possua uma definição clara do seu papel na sociedade, na família, no trabalho, e acredite que é possível se livrar de amarras, como preconceitos, machismo e desigualdades, sem que alcance autocompreensão e automotivação para se entender como ser humano.

A discussão não é sobre ser superior aos homens.

Muito pelo contrário, a busca é pela igualdade feminina, pelos mesmos direitos dentro de diferentes lugares, de setores de atuação tanto do homem quanto da mulher. Trata-se de encontrar alternativas que reduzam o abismo entre os direitos, pela possibilidade de as pessoas se ensinarem mutuamente a se verem como iguais, pelo investimento em programas de saúde e educação como perspectiva de mudança de atitudes em prol de uma sociedade mais justa e igualitária.

Talvez não seja uma tarefa simples nem fácil, mas, conforme nos sinaliza Daniel Goleman, devemos levar a sério as implicações das descobertas da ciência: "ajudar as pessoas a lidar melhor com sentimentos incômodos como a raiva, ansiedade, depressão, pessimismo e sensação de solidão é uma forma de prevenir doenças". Assim, a inteligência emocional feminina passa a se constituir em um fator de suma importância para que as relações familiares sejam cada vez mais saudáveis e mais fortalecidas.

O conceito de inteligência emocional nos ensina que as emoções são tóxicas, e que, se as mulheres passassem a realizar a gestão e o controle de suas emoções, provavelmente teriam qualidade de vida superior e uma vida mais equilibrada, podendo influenciar mais positivamente as novas gerações.

Os preconceitos e as desigualdades históricas apresentados não são fatores únicos do sofrimento emocional imposto às mulheres. Muitas doenças emocionais são ocasionadas pela pressão da mídia e da sociedade, como é o caso dos padrões excessivos e inatingíveis de beleza, que abordamos a seguir.

Padrões excessivos de beleza

Apesar das mudanças sócio-históricas e das conquistas conseguidas, muitas mulheres ainda não se percebem como seres completos; sentem-se presas na corrida, não cruzaram a linha de chegada e não receberam seu troféu. Vemos muitas mulheres estudando, se graduando, trabalhando e aumentando o padrão de vida, porém poucas delas se consideram realizadas, algo que ocorre por não compreenderem qual é seu verdadeiro papel, não se entenderem em sua própria existência.

Identificar o que lhe é próprio e o que lhe é imposto pela sociedade é algo ainda muito difícil para a maioria das mulheres. Aprender a distinguir entre aquilo que se deseja, aquilo que se é e o que a sociedade diz que se deve desejar ou ser é um exercício a ser praticado diuturnamente.

O pensador Sergio Gomes da Silva, no artigo "Preconceito e discriminação", chama a atenção para as formas disfarçadas pelas quais o preconceito vai sendo introduzido no dia a dia das pessoas, por meio de imagens e representações. Segundo ele, "o exemplo disseminado pela mídia é mais do que suficiente ao ensejar no imaginário social coletivo a imagem da mulher como produto de consumo". Há muito tempo podemos ver a infelicidade estampada no rosto de milhares de mulheres que não se aceitam e buscam alcançar um ideal de beleza produzido, artificial e inatingível.

Muitas pesquisas realizadas nos últimos anos apontam para a questão da distorção da imagem corporal e das implicações que fatores sociais e psicológicos exercem sobre as pessoas. Uma delas, citada por Adriana Trejger Kachani, em sua tese de doutorado, afirma que uma excessiva preocupação pode gerar um sentimento de fracasso e incapacidade, a ideia de não encarnar um ideal de beleza, o que coloca em xeque a autoestima.

A aparência é um fator que gera muita preocupação e interesse no cenário feminino.

Muito se investe em tempo e dinheiro para atingir o ideal imaginário. Os padrões de beleza femininos determinados pela sociedade tornam a busca por um corpo ideal e perfeito uma tortura, produzindo uma sensação de desconforto com a própria imagem.

A impressionante influência da mídia sobre as mulheres reproduz desejos captados e os transforma em aspirações. Como diz Rachel Moreno, no livro *A beleza impossível*, "as pobres mulheres incautas, do outro lado do anúncio, acreditam piamente nessa beleza, incorporam-na como desejável, natural e possível, querem-na para si. E cobram isso de si mesmas".

A partir do século XX, o corpo tornou-se demasiadamente valorizado, uma característica das sociedades contemporâneas.

A reafirmação da identidade feminina e o desejo das mulheres de serem vistas têm sido enfatizados na procura do ideal de beleza. Com o avanço da tecnologia e com a exposição diária do culto à beleza nas revistas de moda e saúde, o corpo natural passa a ser substituído pela valorização e pelo desejo de um corpo musculoso, magro e bem definido. Aumenta-se a quantidade de cremes e loções disponíveis para corrigir todas as imperfeições na mesma proporção que crescem os registros de ansiedade, sentimentos de inadequação, baixa autoestima e transtornos alimentares, como anorexia e bulimia. As emoções são diretamente influenciadas pelo padrão excessivo de beleza imposto e interferem na construção da imagem mental.

Muitas campanhas midiáticas, por estimularem o consumismo da beleza e usarem mulheres como objeto, causam discussões polêmicas. Em sua tese sobre anúncios publicitários e identidade de gênero, o estudioso James Deam Amaral Freitas apresenta uma visão sobre as campanhas e a importância que se confere à categoria "beleza". Ele aponta que as revistas femininas e a publicidade atribuem uma importância especial à beleza, unindo informações estéticas ao consumo. Segundo ele, "essa foi, sem dúvida, a categoria mais explorada nos anúncios analisados e, de certa forma, perpassa todas as outras". Para ele, as matérias sobre beleza e moda são apoiadas por mensagens publicitárias que estimulam uma visão consumista da beleza. "Os anúncios publicitários analisados, de um modo geral, aliam a noção de feminilidade à beleza, insistem na ideia de que esse é um meio para alcançar felicidade, amor, dinheiro e realização", diz ele. O que leva a pensar que o autoembelezamento é algo que tem de ser obtido a qualquer custo, criando na mulher a tarefa de se esforçar o tempo todo para aperfeiçoar seus atrativos físicos. Diante de um cenário aprisionador e sutil, que acena com a conquista de uma vida plena e feliz, muitas mulheres se veem enredadas em promessas ilusórias. Jacira de Melo, diretora-executiva do Instituto Patrícia Galvão, se preocupa com a repercussão que esse tipo de publicidade pode ter. Ela considera que a televisão tem muita influência sobre os jovens e ajuda a reforçar uma visão estereotipada do homem e da mulher que pode ser muito prejudicial para esse segmento da população. Para ela, "ao pedir que as mulheres exerçam o charme para resolver conflitos, a relação de respeito entre homens e mulheres é desprezada. É um caso em que a publicidade não é lúdica ou satírica, pois ela usa o imaginário e os estereótipos justamente para vender uma marca, um produto".

A psicóloga Adriana Perassi Bosco, em sua tese de mestrado, ao abordar a questão da mulher como objeto, coloca: "se representar a mulher significa oferecê-la a um olhar, é realmente complexo desconstruir os condicionamentos culturais desse olho: a mulher como objeto, corpo, natureza, acessório, ideal inalcançável de pureza ou pedaço de carne pornográfico". Segundo ela, essa situação iria originar um paradoxo: "O corpo feminino, indicado em inúmeros discursos sociais como o marcador incontestável de uma diferença, é interdito, e para poder se retirar de redes de significação que o colocam como objeto de fetiche, as próprias mulheres artistas acabam por abstraí-lo ou torná-lo repulsivo".

Instaura-se novamente a confusão mental e emocional que assombra grande parte das mulheres. Augusto Cury, em seu livro *Gestão da emoção*, destaca o papel que a sociedade desempenha no agravamento da insatisfação pessoal, classificando-a como uma sociedade de consumo desumana, que explora o corpo da mulher (em vez de valorizar sua inteligência), favorecendo uma espécie de consumismo erótico. Em sua visão, "esse sistema não tem por objetivo produzir pessoas resolvidas, saudáveis e felizes; a ele interessam as insatisfeitas consigo mesmas, pois quanto mais ansiosas, mais consumistas se tornam". Para ele, o padrão de beleza veiculado pela mídia "penetrou no inconsciente coletivo das pessoas e as aprisionou no único lugar em que não é admissível ser prisioneiro: dentro de si mesmas".

É sabido que a prisão à qual esse autor se refere é cárcere para milhares de mulheres em todo o mundo. Reflete uma triste realidade que asfixia e destrói silenciosamente. Cury cita o caso de modelos jovens e de sucesso que detestavam o próprio corpo e chegavam a pensar em desistir da vida. Ele considera que "qualquer imposição de um padrão de beleza estereotipado para alicerçar a autoestima e o prazer diante da autoimagem produz um desastre no inconsciente, um grave adoecimento emocional".

Muitas mulheres desconhecem o poder de suas emoções, desconhecem o impacto que elas causam na sua saúde emocional e física.

E desconhecem, principalmente, que podem tê-las como aliadas para sua liberdade emocional. Goleman adverte que "as emoções que fremem abaixo do limiar da consciência podem ter um poderoso impacto na maneira como percebemos e reagimos, embora não tenhamos ideia de que elas estão atuando". Quando uma emoção é trazida à consciência, a pessoa tem a possibilidade de reavaliar de uma nova perspectiva e escolher a forma como reagirá diante da situação. A autoconsciência emocional acaba sendo uma das bases da inteligência emocional. Cury, em seus estudos sobre inteligência multifocal, nos ensina que é necessário compreender "o complexo processo de interpretação da realidade, isto é, como percebemos a nós mesmos e o mundo" por meio dos pensamentos conscientes e inconscientes e de processos emocionais que distorcem a realidade.

Diante do cenário de desigualdades e de opressão à mulher vivenciado em diversos aspectos da vida, compreender a importância de aprender a elevar o nível de inteligência emocional torna-se imprescindível para questionar "crenças unifocais", ou seja, crenças que enxergam os eventos sob um único ângulo e, com isso, desconsideram outros aspectos vitais para as relações pessoais saudáveis. Para Augusto Cury, nossa felicidade e nossa saúde só acontecem quando protegemos nossa mente e investimos na felicidade e no bem-estar dos outros. Segundo esse autor, a escravidão que vitimiza milhares de mulheres pelos excessivos padrões de beleza impostos pela sociedade também impõe uma "necessidade neurótica de sermos perfeitos". Para ele, "quem não exercita a autoconsciência vive a pior de todas as solidões, a solidão na qual ele mesmo se abandona. Caminha sem metas, fadiga-se sem propósito, navega sem direção no oceano da existência". E completa: "Quem não treina a autoconsciência, não se questiona, não desenvolve consciência crítica, nem dá sentido à sua existência; torna-se um zumbi social, facilmente manipulável, adestrável ou encarcerado por seus fantasmas mentais ou por ideologias radicais".

Faz-se necessário trazer à tona vários fatos para que a mulher esteja consciente das suas conquistas. Quantas mulheres precisaram morrer ou entrar em embates para que hoje outras pudessem usar uma calça jeans? Quantas mulheres precisaram sofrer e lutar para que todas pudessem votar, trabalhar e gozar de direitos e poderes: direito de dirigir, direito de ter voz e vez, poder de decidir, poder de escolher a própria roupa. Mas de maneira estranha ou talvez pelo desvio da atenção para outros fatos e até mesmo por uma "distração", as novas gerações não carregam consigo a força dessa consciência, as mulheres se esqueceram de suas conquistas, posto que, progredindo lentamente, não continuaram a buscá-las, solidificá-las e valorizá-las.

Novamente, destaco a necessidade de desenvolver a inteligência emocional para se conhecer as vontades e as imposições culturais impostas e se dissociar delas.

> *A inteligência emocional se apresenta como uma ferramenta necessária para que as mulheres voltem ao seu eixo natural.*

Exercer o conhecimento das próprias emoções e saber lidar com elas para promover a automotivação mostram-se como um caminho para enfrentar a imposição massacrante do padrão de beleza que a sociedade prega e é intensamente divulgado pela mídia e pelas indústrias de cosméticos, de moda, de cirurgias, entre outras.

A seguir, vamos abordar outro aspecto de desigualdade que vem causando desconfortos emocionais, tristezas, depressão e desvalorização do ser mulher. Falaremos sobre a atuação feminina no mundo do trabalho e sua representatividade em cargos de decisão.

Mulheres em cargos de destaque: prováveis implicações

Alguns questionamentos merecem ser feitos neste momento. O que realmente acontece para que as mulheres não tenham oportunidades iguais ou mesmo a predisposição para ocupar os mais altos cargos de liderança, tanto no âmbito privado como no governamental? Seria a falta de apoio ou de incentivo? Seriam os preconceitos instaurados culturalmente? Seria o excesso de atribuições domésticas? Seria a falta de inteligência emocional?

Há muitas restrições que prejudicam o desempenho profissional da mulher, assim como afetam suas relações sociais e familiares. A imaturidade emocional, por exemplo, causa muitas dificuldades de desfrute da vida em geral. Enquanto muitas mulheres deixarem de trabalhar a autoconsciência, de promover uma autoestima elevada e continuarem se submetendo aos sistemas impostos, contentando-se com o papel de protegidas, fragilizadas e submissas ao homem, será ainda mais difícil encontrar um caminho para o definitivo empoderamento feminino.

Os dados foram atualizados em relação à edição anterior, entretanto, o avanço da presença feminina em cargos de liderança ainda esbarra em desafios estruturais e culturais. Apesar das conquistas dos últimos anos, as mulheres continuam sub-representadas nos mais altos postos de comando, tanto no setor privado quanto no governamental. Mas o que realmente impede essa ascensão de forma mais equilibrada?

Vários fatores contribuem para essa desigualdade. O preconceito de gênero, enraizado historicamente, ainda influencia processos de contratação e promoção, favorecendo modelos de liderança tradicionalmente masculinos. Além disso, o acúmulo de responsabilidades domésticas e a dupla jornada de trabalho fazem com que muitas mulheres encontrem barreiras para investir em suas carreiras da mesma forma que seus colegas homens.

Outro ponto relevante é a falta de apoio e de redes de mentoria voltadas ao fortalecimento da liderança feminina. Muitas mulheres não encontram exemplos próximos que sirvam de espelho para sua trajetória profissional. Além disso, o desenvolvimento da **inteligência emocional** pode ser um diferencial decisivo nesse cenário. Habilidades como autoconfiança, resiliência e comunicação assertiva são essenciais para superar obstáculos, enfrentar ambientes corporativos desafiadores e ocupar espaços de poder com mais segurança.

Na versão anterior deste livro, apresentamos dados que refletiam a realidade das mulheres em diversos aspectos, como mercado de trabalho, política e educação. No entanto, para esta edição revisada, atualizamos essas informações com base nos levantamentos mais recentes, garantindo um panorama mais preciso e atual.

A nova edição nos oferece um retrato da desigualdade de gênero, abordando a ocupação de cargos de liderança, a diferença salarial, a participação política e outros desafios enfrentados pelas mulheres tanto no setor privado quanto no governamental. Nesta revisão, apresentamos novas estatísticas, fundamentais para compreender os avanços e as barreiras que ainda persistem na busca pela equidade.

A ONU Mulheres reforça que empoderar as mulheres para que participem integralmente de todos os setores da economia e em todos os níveis de atividade econômica é essencial para:

- ✓ Construir economias fortes;
- ✓ Estabelecer sociedades mais estáveis e justas;
- ✓ Atingir os objetivos de desenvolvimento, sustentabilidade e direitos humanos internacionalmente reconhecidos;
- ✓ Melhorar a qualidade de vida para as mulheres, homens, famílias e comunidades;
- ✓ Impulsionar as operações e as metas dos negócios.

E reforça os princípios de empoderamento das mulheres:

Princípios de empoderamento das mulheres

Fonte: ONU Mulheres.

É importante deixar evidente que a busca pela igualdade de gênero não é uma responsabilidade exclusiva das mulheres, mas uma causa que deve envolver toda a sociedade. É essencial compreender que homens e mulheres não são grupos homogêneos, cada indivíduo carrega suas próprias vivências e desafios. Promover essa equidade significa respeito a essas diferenças, garantindo oportunidades justas para todos.

O Departamento Intersindical de Estatística e Estudos Socioeconômicos (DIEESE) divulgou um estudo sobre a inserção das mulheres no mercado de trabalho. Dentre os problemas identificados, a igualdade salarial entre homens e mulheres ainda é um objetivo distante no Brasil. Na média nacional, elas ganham menos, e são maioria dos desempregados.

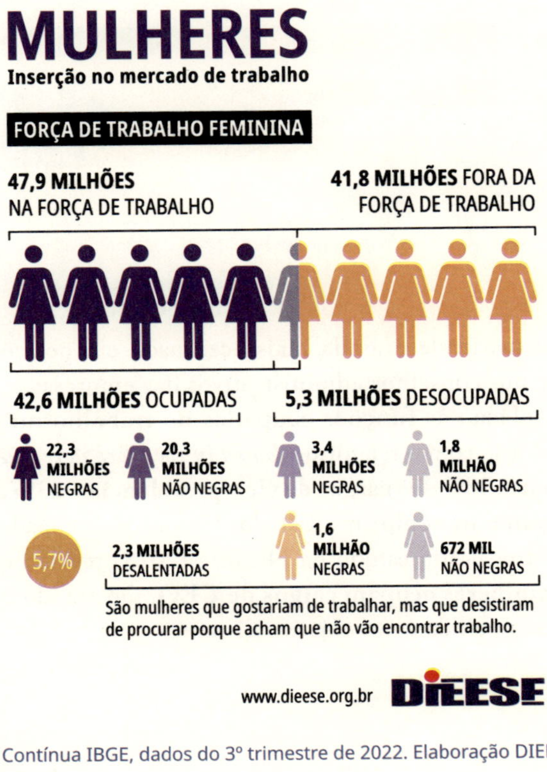

Fonte: Pnad Contínua IBGE, dados do 3º trimestre de 2022. Elaboração DIEESE.

Cargos de Liderança:

A participação das mulheres em cargos gerenciais no Brasil ainda é inferior à dos homens. As mulheres ocupam aproximadamente 39,3% dos cargos gerenciais, enquanto os homens representam 60,7%.

Desigualdade de gênero nos cargos de gestão

Mulheres são minoria em funções gerenciais; diferença é maior entre pessoas mais velhas

% de homens (laranja) e de mulheres (azul) no geral e por faixa etária

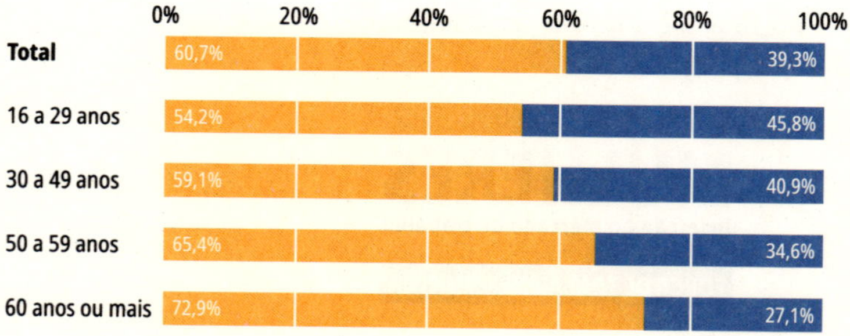

Fonte: IBGE (Estatísticas de Gênero Indicadores sociais das mulheres no Brasil).

Essa disparidade é ainda mais acentuada em posições de alta liderança e nos conselhos administrativos das empresas.

Com relação às funções ocupadas no trabalho no setor privado, de acordo com o relatório *Women in the Workplace 2023*, da McKinsey, apenas **28% dos cargos de vice-presidência** e **23% dos cargos de vice-presidente sênior** nos Estados Unidos são ocupados por mulheres. No Brasil, um estudo da Deloitte (2023) revelou que apenas **6,7% das mulheres ocupam cargos de CEO**, mostrando que a paridade de gênero ainda é um objetivo distante.

Força de trabalho feminina

28% vice-presidência
23% vice-presidente sênior

6,7% CEO

Dados: Women in Workplace McKinsey e Deloitte (2023).

Mulheres em posições gerenciais 2015-2021

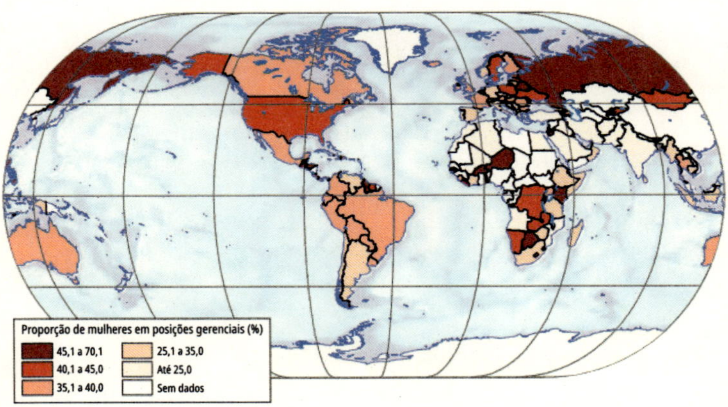

Fonte: PROPORTION of women in managerial positions 19th ICLS, 2015-2021. *In*: United Nations. Statistics Division. SDG Indicators Database. Nova Iorque, 2024. Indicator 5.5.2. Disponível em: https://unstats.un.org/sdgs/dataportal/database. Acesso em: ago. 2024.
Nota: Dados mais recentes de cada país no período 2015-2021.

Segundo dados da Pesquisa Nacional por Amostra de Domicílios Contínua PNAD Contínua, do IBGE, o nível de ocupação das mulheres adultas (25 a 54 anos) é também diretamente afetado pela atividade de cuidados de crianças nos domicílios. Em 2022, o indicador para mulheres em arranjos domiciliares com crianças de até 6 anos de idade era 9,6 p.p. menor do que para mulheres que residiam em domicílios sem crianças (diferença de 10,7 p.p. para mulheres pretas ou pardas e 6,7 p.p. para brancas). Ressalta-se que, no Brasil, somente pouco mais de 1/3 das crianças de 0 a 3 anos de idade frequentavam creche em 2022.

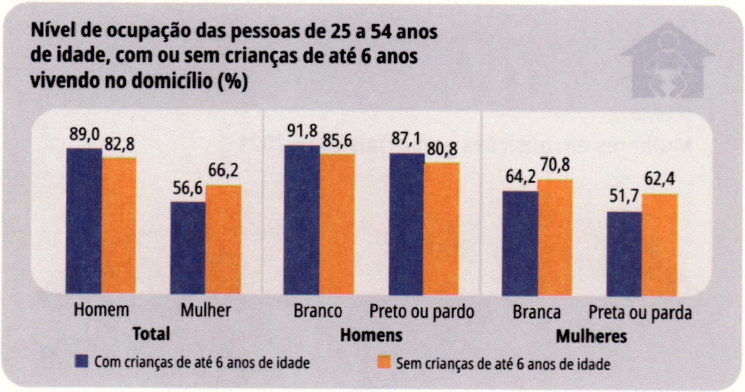

Fonte: IBGE, Pesquisa Nacional por Amostra de Domicílios Contínua 2022.
Nota: Dados consolidados de quintas visitas.

Diferença salarial:

As características de inserção no mercado de trabalho também impactaram o rendimento das mulheres que, em 2022, foi equivalente a 78,9% do rendimento dos homens.

Grupos ocupacionais no trabalho principal	Rendimento habitual de todos os trabalhos (R$)		
	Homens	Mulheres	Razão (M/H)
Total	**2.920**	**2.303**	**78,9**
Diretores e gerentes	7.948	5.870	73,9
Profissionais das ciências e intelectuais	7.268	4.600	63,3
Técnicos e profissionais de nível médio	3.837	2.852	74,3
Técnicos de apoio administrativo	2.364	1.956	82,7
Trabalhadores dos serviços, vendedores dos comércios e mercados	2.374	1.552	65,4
Trabalhadores qualificados da agropecuária, florestais, da caça e da pesca	2.008	1.417	70,6
Trabalhadores qualificados, operários e artesãos da construção, das artes mecânicas e outros ofícios	2.120	1.371	64,7
Operadores de instalações e máquinas e montadores	2.238	1.636	73,1
Ocupações elementares	1.313	1.156	88,1
Membros das forças armadas, policiais e bombeiros militares	5.976	6.516	109,0

Fonte: IBGE, Pesquisa Nacional por Amostra de Domicílios Contínua.
Nota: Dados consolidados de quintas visitas.

Em relação aos rendimentos médios, as mulheres recebem cerca de ¾ do que os homens. Segundo o estudo citado, contribui para a explicação desse resultado a própria natureza dos postos de trabalho ocupados pelas mulheres, em que se destaca a maior proporção dedicada ao trabalho em tempo parcial.

A desigualdade de rendimentos era maior entre os profissionais das ciências e intelectuais, grupo nos quais as mulheres receberam 63,3% do rendimento dos homens. Da mesma forma, entre os diretores e gerentes, grupo que possui trabalhadores entre aqueles com os maiores rendimentos médios do país, as mulheres receberam 73,9% do rendimento dos homens. Por outro lado, entre os membros das forças armadas, policiais e bombeiros militares, o rendimento médio das mulheres foi maior do que o dos homens em 2022, o que pode estar relacionado ao fato de as mulheres estarem mais presentes em postos de comando e carreiras especializadas, como médicas, arquitetas etc.

O estudo do IBGE indica o rendimento médio dos brasileiros, estratificado por gênero e cor da pele sendo o **rendimento de uma mulher negra, em média, 47% o de um homem branco**: R$ 1.781 ante R$ 3.793.

Inserção de mulheres no mercado de trabalho

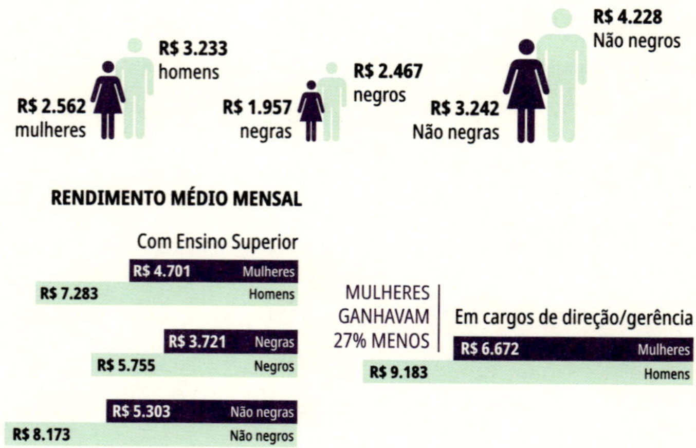

Fonte: Dados do 4º trimestre de 2023 Prad IBGE.

Em 2022, a diferença da renda média mensal das mulheres equivalia a cerca de 17% em relação à renda dos homens.

Desigualdade

Salários entre homens e mulheres tinham uma diferença de 17% em 2022

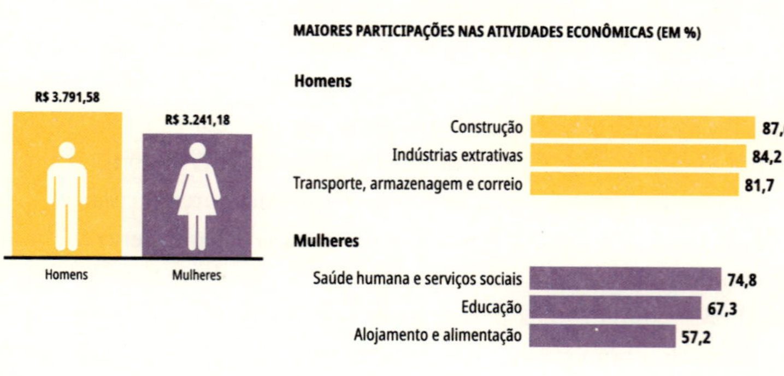

Desigualdade de renda por gênero e cor

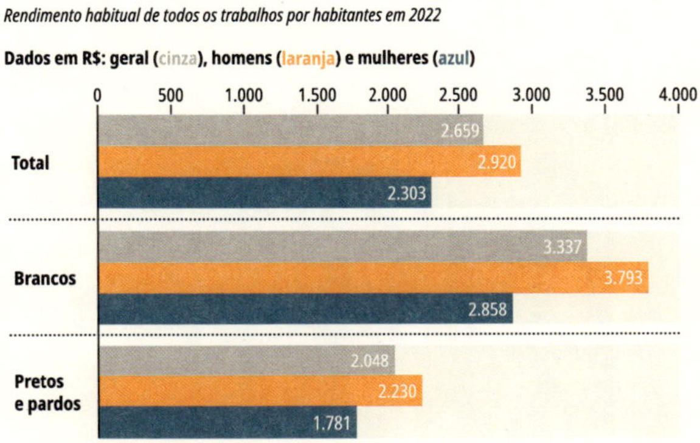

Fonte: IBGE (Estatísticas de Gênero - Indicadores sociais das mulheres no Brasil).

Embora tenha havido uma leve redução na diferença salarial em relação a anos anteriores, as mulheres continuam a enfrentar desafios significativos para alcançar a paridade salarial.

Nível de escolaridade

Em 2022, no último censo realizado pelo IBGE as mulheres brasileiras apresentaram níveis de escolaridade superiores aos dos homens. Além disso, as mulheres representam a maioria dos matriculados em cursos de graduação presencial, especialmente nas áreas de saúde e educação.

Ensino superior: mulheres são maioria dos estudantes e minoria dos professores

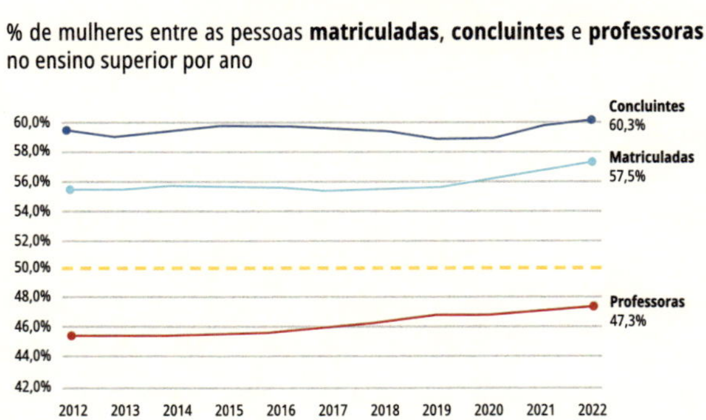

Fonte: IBGE (Estatísticas de Gênero - Indicadores sociais das mulheres no Brasil).

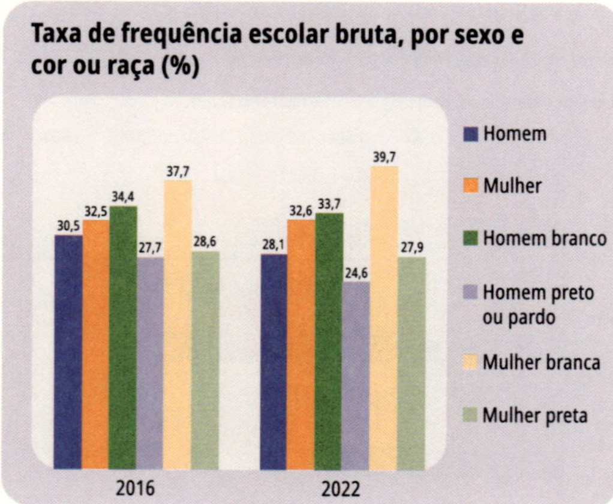

Fonte: IBGE, Pesquisa Nacional por Amostra de Domicílios Contínua 2022.
Nota: Dados referentes ao 2º trimestre.

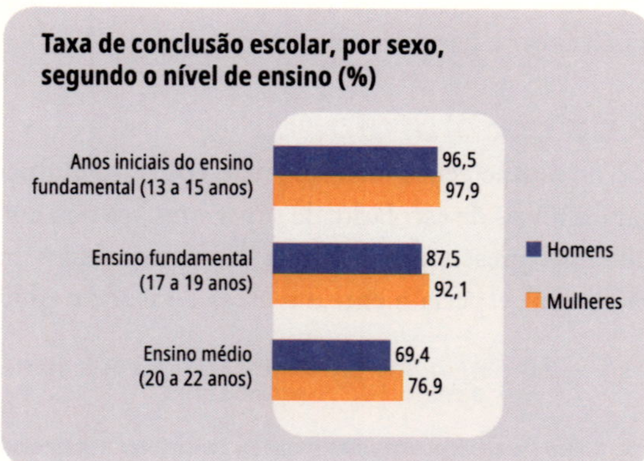

Fonte: IBGE, Pesquisa Nacional por Amostra de Domicílios Contínua 2022.
Nota: Dados referentes ao 2º trimestre.

Apesar de lento, o processo de mudança dos padrões culturais de gênero vem amenizando as tradicionais barreiras à entrada das mulheres no mercado de trabalho e elevando os níveis de escolaridade delas nos últimos trinta anos. Mas, mesmo com o aumento da escolaridade feminina em relação aos homens, a estrutura ocupacional ainda mostra muita desigualdade.

Participação política

Conforme apresentado pelo estudo trienal (2024) de Estatísticas de Gêneros realizado pelo IBGE, as mulheres ainda são minoria no topo da hierarquia do setor privado e ainda mais no setor público.

Assegurar às mulheres igualdade de acesso às estruturas de poder e aos processos de tomada de decisão é imperioso para o equilíbrio das relações de poder entre mulheres e homens. Em outras palavras, as mulheres devem ter oportunidades e efetivamente participar da vida pública, em seus campos cívico e político, assumindo posições de liderança tanto no setor público, quanto no setor privado.

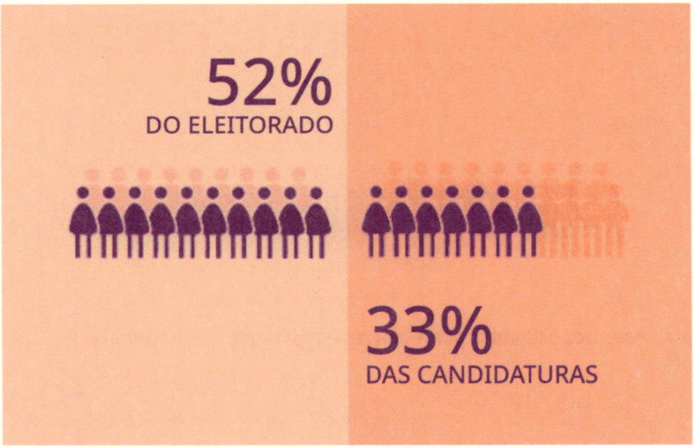

Infográfico: Gabriela Sales/JOTA.

Apesar das mulheres corresponderem a 52,7% do eleitorado, a representação feminina na política brasileira permanece baixa. Nas eleições de 2022, as mulheres ocuparam apenas 18% das cadeiras na Câmara dos Deputados e 18% no Senado Federal.

Mesmo com as políticas de incentivo à participação feminina, como as cotas de gênero, a sub-representação das mulheres na política ainda é um desafio significativo. No cenário político, o Brasil ocupa a 135ª posição no ranking mundial de presença feminina no parlamento, ficando atrás de países como Bolívia e Senegal.

Participação da mulher no legislativo

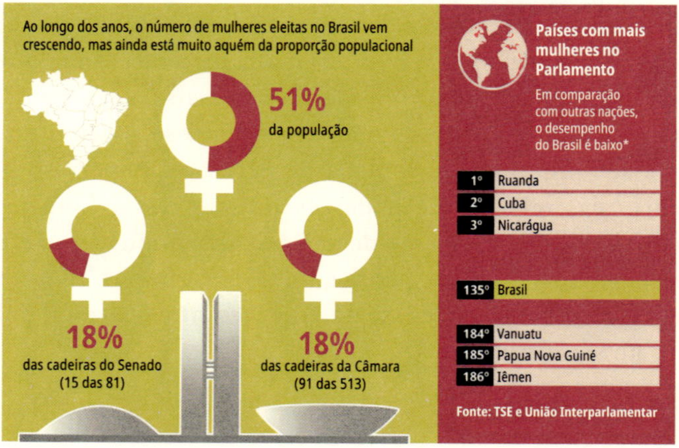

*Obs: No ranking de países com a maior proporção de mulheres no Parlamento, Ruanda ocupa a primeira posição. No entanto, isso não significa que o número absoluto de parlamentares mulheres no país seja maior do que em nações como o Brasil, e sim que, proporcionalmente ao total de cadeiras disponíveis, a participação feminina é a mais elevada.

Fonte: TSE e União Interparlamentar. Arte: Agência Câmara 4/3/2024. Bancada atualizada em 4/3/2024.

Assentos ocupados por mulheres em parlamentos nacionais 2015 2022

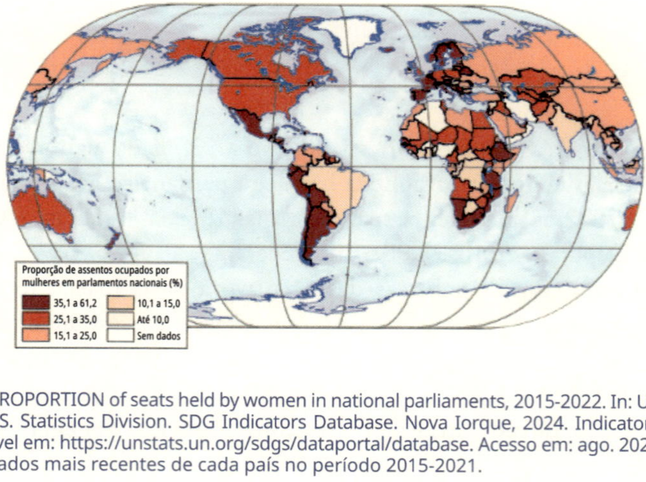

Fonte: PROPORTION of seats held by women in national parliaments, 2015-2022. In: UNITED NATIONS. Statistics Division. SDG Indicators Database. Nova Iorque, 2024. Indicator 5.5.1. Disponível em: https://unstats.un.org/sdgs/dataportal/database. Acesso em: ago. 2024. Nota: Dados mais recentes de cada país no período 2015-2021.

Proporção de assentos ocupados por mulheres em parlamentos nacionais

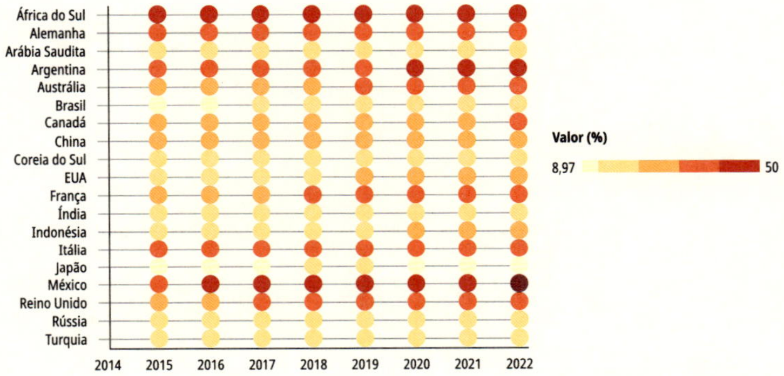

Fonte: PROPORTION of seats held by women in national parliaments, 2015-2022. *In*: UNITED NATIONS. Statistics Division. SDG Indicators Database. Nova Iorque, 2024, Indicator 5.5.1. Disponível em: https://unstats.un.org/sdgs/dataportal/database. Acesso em: ago. 2024. Elaborado pelo IBGE.

Segundo pesquisa realizada pelo Instituto Alziras-Brasil, "as cidades são uma importante porta de entrada e a base da construção de parte significativa das carreiras políticas. Mas nelas também é possível identificar dinâmicas e obstáculos que dificultam o avanço das mulheres no poder".

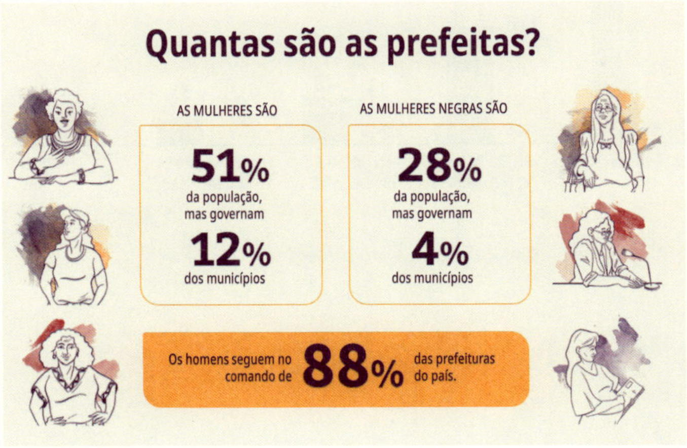

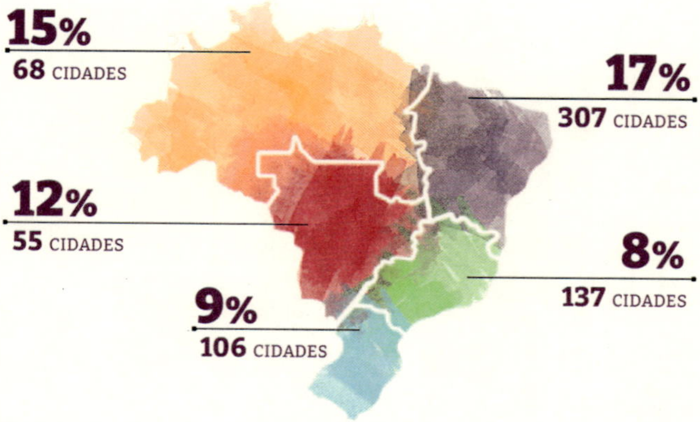

Fonte: https://prefeitas.institutoalziras.org.br/censo/

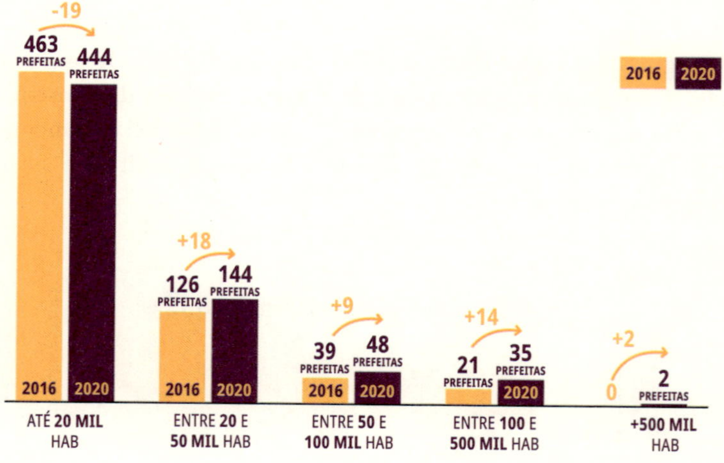

Fonte: https://prefeitas.institutoalziras.org.br/censo/

Fonte: https://prefeitas.institutoalziras.org.br/censo/

Esses dados evidenciam a persistência de desigualdades de gênero na política, mesmo com os avanços educacionais das mulheres.

Trabalho em tempo parcial

O IBGE apresenta na terceira edição do estudo *Estatísticas de gênero: indicadores sociais das mulheres no Brasil* o indicador "número médio de horas semanais dedicadas aos cuidados de pessoas e/ou afazeres domésticos" que é de extrema importância para dar visibilidade ao trabalho não remunerado, realizado, principalmente, pelas mulheres. No Brasil, em 2022, as mulheres dedicaram aos cuidados de pessoas e/ou afazeres domésticos quase o dobro de tempo que os homens (21,3 horas contra 11,7 horas).

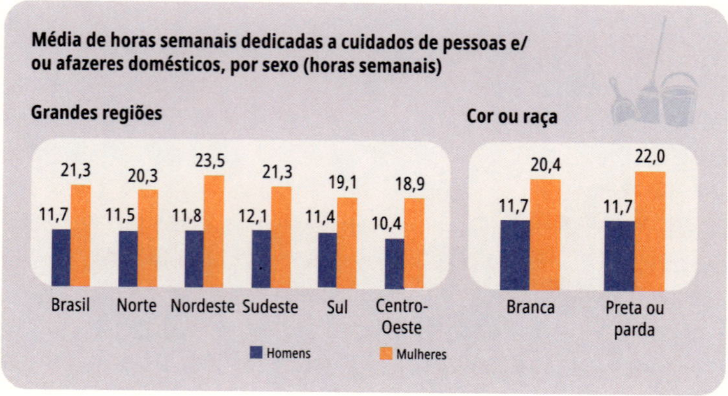

Fonte: IBGE. Pesquisa Nacional por amostra de Domicílios Contínua 2022.
Nota: Dados consolidados de quintas visitas.

Essa diferença reflete, em parte, a maior responsabilidade das mulheres por afazeres domésticos e cuidados familiares, o que pode limitar sua disponibilidade para jornadas de trabalho mais longas.

Na Região Nordeste, as mulheres dedicam mais horas a essas atividades (23,5 horas), sendo também a Região com a maior desigualdade em relação aos homens. O recorte por cor ou raça indica, por sua vez, que as mulheres pretas ou pardas estavam mais envolvidas com o trabalho doméstico não remunerado que as mulheres brancas (1,6 hora a mais), enquanto para os homens a cor ou raça declarada não afetou a dedicação a essas atividades.

Nos Estados Unidos, a questão da luta pela igualdade de gênero e pelo empoderamento feminino está relacionada também a um problema estrutural que transcende governos e partidos. Raquel Godos, em reportagem sobre a realidade das mulheres naquele país, que tem a maior economia do mundo, chama a atenção para o fato de que as mulheres lidam com a desvalorização de sua força de trabalho, "ganhando em média 83% do salário dos homens pela mesma função, e no Congresso elas contam apenas com 20% de representatividade".

Outro aspecto a se considerar e que contribui para o afastamento da mulher do mundo do trabalho é que, nos Estados Unidos, as mulheres que se tornam mães têm, por lei, direito a doze semanas de licença sem receber benefício monetário.

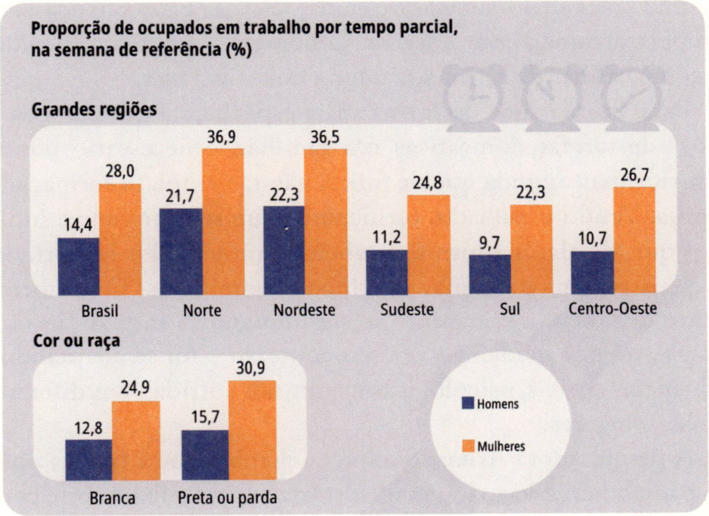

Fonte: IBGE. Pesquisa Nacional por amostra de Domicílios Contínua 2022.
Nota: Dados consolidados de quintas visitas.

Mesmo para as mulheres brasileiras que se encontram ocupadas no mercado de trabalho, a necessidade de conciliação da dupla jornada de trabalho as leva a tomadas de decisão que impactam sua inserção ocupacional. Em 2022, 28,0% das mulheres estavam ocupadas em tempo parcial (de até 30 horas semanais), quase o dobro (14,4%) do verificado para os homens. Na desagregação espacial, observa-se que as regiões Norte e Nordeste apresentaram as maiores proporções de mulheres ocupadas em trabalho parcial, 36,9% e 36,5%, respectivamente. Na análise por cor ou raça, as mulheres pretas ou pardas exerciam mais o trabalho parcial (30,9%) em comparação com as brancas (24,9%).

Esses dados atualizados fornecem uma visão abrangente das desigualdades de gênero persistentes no Brasil, destacando áreas que necessitam de atenção contínua para promover a equidade entre homens e mulheres.

Diante desses indicadores, podemos destacar uma das prováveis implicações para o afastamento das mulheres dos altos cargos de liderança: **a divisão das tarefas domésticas entre os cônjuges.** Apesar das mudanças sociais e dos arranjos no âmbito familiar, sabe-se que continua recaindo sobre a mulher o maior peso, a tarefa assumida pela maioria delas de cuidar da casa e das crianças, fazer compras, arrumar, lavar e passar. O homem ainda tem dificuldade de compartilhar de forma igualitária tais atividades.

Para abordarmos de forma mais específica a questão das divisões de tarefas domésticas nas famílias, é necessário pontuar historicamente, ainda que de forma não tão ampla, a formação da família. Vendo o passado, verificamos que sempre houve indivíduos que, de alguma forma, estabeleceram vínculos importantes, os quais podemos chamar de vínculos familiares. O estabelecimento de vínculos é inerente ao ser humano. A instituição familiar passou por mudanças em seu contexto e foi se adaptando às influências sociais, psicológicas e culturais sofridas, em diferentes épocas e lugares.

A pesquisadora Arlene Skolnick relembra que a família possui um padrão herdado ao longo da história e que também sofre com o impacto das transformações. Ela salienta que a definição de família, como a que havia nos anos 1950, em que o homem trabalha e a mulher cuida da casa, já não se aplica a todos os casos. Segundo ela, "esse modelo, dividido em rígidas esferas e visto como tradicional, foi, historicamente, apenas uma primeira versão do que chamamos de família moderna". Porém, embora esse modelo esteja perdendo espaço, é preciso reconhecer que ele influenciou intensamente os ideais de casamento e de papéis de gênero.

O peso da cultura é sentido nesse aspecto, persistindo uma visão conservadora e tradicional dos papéis de homens e mulheres com relação ao cuidado dos filhos e afazeres domésticos. Dessa forma, as mulheres se desdobram em múltiplos papéis, numa divisão desigual de responsabilidades, com isso esquecendo-se delas próprias.

Quando nos damos conta de que as mulheres recebem salários inferiores aos homens, percebemos uma grande dificuldade em mudar essa situação ancorada numa visão dominante e machista.

A mulher permanece responsável pelas tarefas, sem ter igualdade salarial. Entretanto, apesar de lento, o movimento das mulheres no mercado de trabalho vem transformando as relações de gênero com impacto nos casamentos, na educação dos filhos e na divisão das tarefas. Apesar das consequências emocionais e adoecimentos percebidos na população feminina, pelas conquistas obtidas ao custo de muito esforço, parecem ser cada vez mais comuns as relações em que um dos parceiros é responsável sozinho pelo sustento da família. A busca de um trabalho fora de casa é um atrativo para a mulher, já que lhe permite melhorar seu padrão de vida e ao mesmo tempo lhe oferece uma forma de se realizar em termos pessoais e sociais. Entretanto, Bernardo Jablonski chama a atenção para o fato de que "essa situação de disparidade de papéis seria vivenciada pelas mulheres, aparentemente, de forma dolorosa, uma vez que há uma promessa no ar de igualdade de funções, alimentada por atitudes dos próprios homens, o que ocasiona uma expressiva fonte adicional de conflitos dentro de uma área já suficientemente carregada de problemas". Para esse pesquisador, existe a possibilidade de as mulheres se sentirem traídas e sobrecarregadas, posto que na prática uma divisão igualitária muitas vezes não acontece. E elas acabam sendo afetadas pela solidão em seu dia a dia.

Um dos maiores problemas enfrentados pelas mulheres que trabalham de forma remunerada é conciliar o trabalho e a família. De acordo com o relatório em âmbito mundial feito em conjunto pela Organização Mundial do Trabalho (OIT) e pela empresa de pesquisas Gallup (2017), 70% das mulheres e 66% dos homens entrevistados entendem que as mulheres devem ter trabalhos remunerados. O relatório mostra também que as mulheres preferem ter trabalhos remunerados (29%) ou estar em situações em que poderiam trabalhar e cuidar de suas famílias (41%). Apenas 27% delas querem ficar em casa, no trabalho não remunerado. A pesquisa consultou quase 149 mil pessoas em 142 países e territórios, incluindo o Brasil.

Como em outras áreas de desigualdades, há ainda um imenso caminho a ser percorrido no que se refere à igualdade na divisão dos afazeres domésticos. Algumas pesquisas, entretanto, mostram que muitas mulheres dizem não encontrar dificuldades nessa conciliação, mas enfrentam o acúmulo de tarefas, tido como normal, mesmo que várias vezes precisem abrir mão do descanso ao final do dia ou nos fins de semana para organizar a casa.

Sabemos que o peso da questão de gênero e poder é um fator arraigado na estrutura mental da sociedade e que influencia inclusive o pensamento das mulheres. Muitas delas acreditam que a discussão sobre igualdade de gênero é "coisa de feminista", um incômodo, um movimento para que as mulheres superem os homens, como se fosse algo que deveria permanecer como está. Na verdade, o desejo é que haja mais oportunidades de igualdade, homem sendo homem e mulher sendo mulher, e que não sejam considerados melhores ou piores por serem como são.

Independentemente desse movimento em prol da igualdade de gênero, as diferenças continuam sendo mostradas pelos indicadores. Estudo divulgado pela *Folha de S.Paulo* registra que "meninos lideram, fazem grandes descobertas científicas e são muito, muito inteligentes. As meninas, nem tanto". Esse resultado foi identificado após pesquisadores americanos entrevistarem 400 crianças de 5 a 7 anos. Os resultados indicam que, ao longo dos anos, o **estereótipo de que os meninos são mais inteligentes** "afasta jovens mulheres de carreiras supostamente associadas à ideia de genialidade".

Estereótipos como esse perpetuam a exclusão das mulheres no mercado de trabalho e na pouca representatividade em cargos de liderança. De acordo com o estudo, as mulheres "não chegam ao mercado de trabalho em posição igualitária com os homens e isso afeta sua ascensão aos cargos mais elevados".

Nos Estados Unidos, como forma de conciliar vida pessoal e trabalho e na busca de conquistar mais espaços, mais mulheres têm se lançado no mercado como empreendedoras. De acordo com o National Woman´s Business Council – NWBC, 31% das empresas americanas pertencem a mulheres. Uma em cada cinco tem receita superior a 1 milhão de dólares. O estudo mostrou ainda que em 2017 existiam mais de 9,4 milhões de empresas pertencentes a mulheres nos Estados Unidos. Em 2015, estas eram 9,1 milhões, e, portanto, 300 mil novas empresas geridas por mulheres foram criadas no período. A receita estimada gerada foi de 1,7 trilhão de dólares nos últimos três anos.

No Brasil, as mulheres ocupam 37% dos cargos de liderança sênior das empresas, de acordo com a 20ª edição do estudo *Women in Business: Pathways to Parity* (Mulheres no Mundo Corporativo: Caminhos para a Paridade). Nos Estados Unidos, atualmente elas estão em 29% dos cargos executivos, em comparação com 17% em 2015, segundo o 10º relatório anual *Women in the Workplace*, publicado no início deste mês pela McKinsey e Lean In. No cenário global, os números são ligeiramente menores, mas também apresentam um crescimento constante: as mulheres ocupam hoje 25% dos cargos de alta gerência, um aumento em relação aos 23% em 2021, conforme uma análise da S&P Global Sustainable.

Apesar do aumento na representatividade feminina em cargos de liderança, ainda existem lacunas consideráveis em termos de paridade de gênero. Um exemplo disso é que, embora as mulheres superem os homens quando se trata do ensino superior no Brasil – entre os estudantes que estão no último ano da faculdade, 60,3% são mulheres –, elas ocupam apenas 39,3% dos cargos gerenciais no país e recebem 78,8% dos rendimentos pagos para os homens, segundo dados do IBGE.

Os dados recentes comprovam os desafios e os avanços. O *Women in the Workplace 2024 Report*, produzido pela McKinsey & Company em parceria com o Lean In, marca uma década de análises sobre a equidade de gênero no ambiente corporativo nos Estados Unidos. O relatório evidencia tanto os avanços conquistados quanto os desafios persistentes para que as mulheres alcancem cargos de liderança de forma equitativa.

Embora a presença feminina em posições gerenciais tenha aumentado e a diversidade na liderança seja mais reconhecida, as barreiras estruturais ainda são significativas. As mulheres negras e latinas continuam sub-representadas, e o chamado *degrau quebrado* — dificuldade em avançar do nível de entrada para cargos de gerenciamento — permanece como um dos principais obstáculos para a ascensão profissional feminina.

A pandemia de Covid-19 também teve impacto na carreira das mulheres, especialmente naquelas que são mães. Mesmo com a adoção de modelos híbridos e remotos, que trouxeram mais flexibilidade, muitas mulheres continuam assumindo a maior parte das responsabilidades domésticas, o que limita suas oportunidades de crescimento profissional.

Outro dado preocupante revelado pelo estudo é que muitas mulheres estão **deixando seus empregos por não se sentirem valorizadas ou reconhecidas.** Ambientes corporativos que não priorizam a inclusão e o patrimônio acabam perdendo talentos essenciais. Em contrapartida, empresas que investem em políticas de diversidade, igualdade salarial e programas de mentoria demonstram que a mudança é possível.

O relatório reforça que a equidade de gênero não é apenas uma questão de justiça social, mas também uma estratégia essencial para inovação e crescimento econômico sustentável. **O avanço das mulheres no mercado de trabalho exige comprometimento contínuo de líderes empresariais, gestores e da sociedade.**

Alguns desafios encontrados pelas mulheres no mundo corporativo estão diretamente relacionados à condição e capacidade de conciliar profissão e família; o que, de forma geral, não é discutido no caso dos homens. A dedicação da mulher ao trabalho é, normalmente, questionada pelas gerências e recrutadores, em comparação à dedicação do homem. Questionamentos quanto a poderem trabalhar em horário especial, fazerem viagens de negócio, atuarem em atividades extras, participarem de congressos e convenções sem terem problemas com a família, assim como em relação ao desejo de ser mãe e à postura diante de uma equipe masculina permeiam diariamente o mundo das mulheres.

Considerando os indicadores apresentados e seus resultados, podemos ter uma visão parcial do cenário enfrentado pelas mulheres no Brasil, o que nos permite compreender os desafios decorrentes da desigualdade entre os gêneros. A postura de fragilidade, de submissão, de incapacidade, pelo qual as mulheres ainda se submetem nem sempre é realística. As mulheres já estão em todos os setores, principalmente nos setores de base, entretanto ainda enfrentam muitos preconceitos, assédio sexual, discriminação e a falta de oportunidade de estar nas mesas de decisão. O ponto principal é que, enquanto as decisões forem tomadas pelos homens, enquanto o olhar que define o feminino for um olhar masculino, torna-se impossível o empoderamento da mulher de maneira real.

> *As mulheres devem questionar os motivos pelos quais ainda permitem que os homens determinem seu destino.*

Aos homens não deve ser delegado o direito de mensurar seu nível de inteligência, de sentimento e de emoção, assim como suas capacidades. Por isso, a busca pela igualdade da participação feminina nas mesas de decisão sobre os rumos de uma empresa, sobre a saúde feminina, sobre o seu bem-estar e sobre a família deve ser permanente. Pois, enquanto as decisões forem tomadas de um ponto de vista apenas masculino e por homens, não haverá justiça nem verdade.

É importante que as mulheres ocupem tantas cadeiras quanto os homens, de maneira igualitária, em igual proporção nos setores de poder. Quando as mulheres forem tantas quanto os homens nos setores de decisão, entendendo as necessidades, as debilidades, as qualidades, as fortalezas e as limitações femininas, estaremos finalmente decidindo de forma igualitária. **Cabe às mulheres compreenderem sua importância nas decisões.**

Diante dos fatos apresentados, das pesquisas e dos indicadores, nos resta ainda uma indagação: **seria a falta de inteligência emocional o que aprisiona a maioria das mulheres?**

A falta de inteligência emocional pode, sim, ser um fator que limita muitas mulheres, especialmente quando se trata de enfrentar pressões sociais, padrões de beleza, e barreiras profissionais. A inteligência emocional envolve habilidades como autoconhecimento, autogerenciamento, empatia e habilidades sociais, que são essenciais para lidar com os desafios do cotidiano e tomar decisões assertivas. Sem essas competências, a mulher pode encontrar dificuldades para definir e defender limites, enfrentar relações de poder desiguais e resistir à pressão de padrões estéticos e de comportamento impostos culturalmente.

Estudos indicam que o desenvolvimento da inteligência emocional está ligado ao fortalecimento da resiliência e da autoestima, atributos que ajudam mulheres a se posicionarem e a buscarem espaços de liderança e autonomia. Além disso, a inteligência emocional capacita mulheres a lidar com sentimentos de inferioridade, culpa ou autossabotagem que muitas vezes são resultados de séculos de expectativas limitantes. Ao identificar e compreender suas emoções, elas se tornam menos vulneráveis a críticas externas e mais inclinadas a priorizar seu próprio bem-estar e progresso pessoal.

Assim, desenvolver a inteligência emocional é uma forma poderosa de empoderamento feminino, uma ferramenta que ajuda as mulheres a desconstruírem as crenças limitantes e os padrões internalizados, tornando-as mais aptas a desafiar e transformar contextos que as subjugam. Essa prática de autoconhecimento e controle emocional permite que o potencial de cada mulher floresça de maneira plena, sem as amarras de expectativas e julgamentos externos.

Outro aspecto amplamente citado como fator preponderante nas diferenças entre homens e mulheres e que agrava os distúrbios emocionais femininos diz respeito às diferenças biológicas. A seguir, vamos abordar o tema de forma sucinta, não com o objetivo de comparar homens e mulheres, mas com a proposta de compreender se há implicações dessas diferenças nas emoções femininas e nos resultados obtidos pelas mulheres.

A biologia e as emoções femininas

Muitas escolas teóricas, muitos estudiosos e diversas pesquisas buscam cada um à sua maneira conhecer o ser humano e seu comportamento em vários aspectos. A psicologia, uma das principais áreas que trabalham para compreender o desenvolvimento emocional do indivíduo, tem apoio em outras áreas quando se trata de fatores biológicos. Ciências como fisiologia, biologia, neurologia e neurociências estão presentes nesses estudos.

Ainda hoje, algumas pesquisas sustentam que o cérebro feminino e o masculino processam de modo distinto as informações, as emoções e o conhecimento que conduziriam às distinções de comportamento e de habilidade cognitiva. O autor Franklin Santos, em seu livro *Inteligência Emocional*, relata que "o emprego mais antigo de um conceito similar ao de inteligência emocional remonta a Charles Darwin, que em sua obra se referiu à importância da expressão das emoções para a sobrevivência e adaptação".

A discussão sobre a diferença entre os cérebros masculino e feminino vem de eras remotas. Nas funções de caçadores e construtores, os primatas necessitavam de habilidades manuais, visuais e pouco se comunicavam. Já a mulher, responsável por cuidar dos alimentos e das crianças, tinha de desenvolver uma linguagem especial para compreender os membros do grupo e, por isso, teria desenvolvido mais habilidades sociais. A neurociência defende que as áreas do cérebro podem ter sido desenvolvidas por conta das atividades a serem realizadas. Em um artigo chamado "Meninos e meninas na educação infantil", as pesquisadoras Claudia Vianna e Daniela Finco comentam que normalmente se considera que os homens têm um "melhor desempenho espaço-visual, matemático e científico", numa discussão que parte "das diferenças externas e do ambiente social para as diferenças internas, do organismo biológico, e seus efeitos sobre o que se entende por masculinidade e feminilidade". Para essas autoras, o desafio de superar a desigualdade de gênero exige "compreender o caráter social de sua produção, a maneira como nossa sociedade opõe, hierarquiza e naturaliza as diferenças entre os sexos, reduzindo-as às características físicas tidas como naturais e, consequentemente, imutáveis". Esse modo de enxergar a situação é, segundo elas, "reforçado pelas explicações oriundas das ciências biológicas e pelas instituições sociais, como a família e a escola, que omitem o processo de construção dessas preferências, sempre passíveis de transformações". Muitos estudos, porém, discorrem sobre as diferenças entre o feminino e o masculino que são fabricadas pelo padrão da cultura e pela multiplicação desse aspecto sem que se tenha plena consciência de seu caráter opressor. Em pesquisa realizada com professores em escolas de educação infantil, as autoras identificaram que o ensino espontâneo de comportamentos femininos e masculinos é um fator muito influente nas relações com as crianças, já que as professoras "muitas vezes, orientam e reforçam diferentes habilidades nos meninos e nas meninas, de forma sutil, transmitindo expectativas quanto ao tipo de desempenho intelectual mais adequado para cada sexo e manipulando sanções e recompensas sempre que tais expectativas sejam ou não satisfeitas".

A fala de uma das professoras entrevistadas na pesquisa mostra claramente a cultura transmitida: "as classes com mais meninos são mais agitadas. As meninas, eu costumo chamá-las de princesas, então é uma relação mais meiga, mais doce mesmo. E os meninos são os meus rapazes e os meus rapazes são mais ativos, gostam de correr, de pular, não param quietos no lugar".

O estudo nos traz ainda uma reflexão sobre o caráter das transgressões aos padrões impostos, ao afirmar que a "transgressão dos padrões socialmente aceitos costuma ser socialmente malvista e ridicularizada, uma das maneiras mais eficientes de reafirmar que cada um teria que se conformar aos padrões tradicionais de gênero e, principalmente, ao lugar que lhe cabe na sociedade". As autoras enfatizam que se trata de **"preconceitos que não resistem à razão, nem aos novos tempos e que continuamos a considerar como verdades intocáveis, nos costumes e nas regras inflexíveis".**

Para a reflexão proposta neste livro, cabe ressaltar que a diferença entre homens e mulheres que nos é imposta de forma cultural é a mesma que sustenta meus apontamentos e que a intenção aqui é destacar como as diferenças hormonais influenciam nas emoções femininas.

É sabido que os diferentes picos de hormônios resultantes do ciclo menstrual feminino provocam mudanças na maneira de agir das mulheres e no seu comportamento. Desse modo, busca-se entender as escolhas baseadas no impacto hormonal que as emoções sofrem.

Segundo afirma Eugênio Mussak, em seu livro *Metacompetência*, a grande carência do ser humano moderno está ancorada nas emoções e no nível que elas possuem. Para ele, "pessoas dotadas de grande habilidade intelectual, muita cultura e conhecimento muitas vezes se veem derrotadas pelo domínio do emocional, fraqueza extremamente humana, e, na maioria das vezes, relegada a segundo plano".

Diante dessa colocação, destacamos a importância do autoconhecimento, do gerenciamento dos sentimentos e da autopercepção, que acabam sendo esquecidos, e não desenvolvidos, quiçá praticados, pela maioria das mulheres.

A autopercepção, para a psicologia, refere-se à maneira pela qual as pessoas compreendem suas atitudes e crenças com base em seu comportamento em determinadas situações. O autoconhecimento implica perceber a si próprio, isto é, detectar suas especificidades, qualidades, imperfeições e sentimentos. No caso da mulher, significa reconhecer que as questões biológicas hormonais interferem em seu humor, em seu comportamento. Com isso, ela poderá administrar a situação de forma tranquila ou menos estressante.

Por muitos anos, e ainda hoje, a tensão pré-menstrual tem sido motivo de piada, de chacota, inclusive por parte das próprias mulheres. De acordo com a Sociedade Brasileira de Medicina de Família e Comunidade (SBMFC), a síndrome pré-menstrual (SPM), também chamada de tensão pré-menstrual (TPM), é representada por um conjunto de sintomas físicos, emocionais e comportamentais, que apresenta caráter cíclico e recorrente, o qual se inicia na semana anterior à menstruação. A OMS estima que 90% das mulheres sofram com esses sintomas, que comumente ocorrem uma a duas semanas antes do período menstrual. De acordo com a Associação Médica Brasileira (AMB), 40% das mulheres sofrem de TPM de intensidade leve, 30 a 35% de TPM moderada e 5 a 10% de TPM intensa.

A influência dos hormônios no comportamento humano é responsável por oscilações mais suaves ou mais intensas das emoções, podendo levar uma mulher da felicidade absoluta a uma insuportável irritação. Humor instável, retenção de líquidos, dificuldade de concentração, cólica, irritabilidade, compulsão por doces e dores nas mamas são apenas alguns sintomas conhecidos que afetam a mulher no período pré-menstrual, podendo influenciar suas atividades e seus relacionamentos pessoais, sociais e profissionais.

No Brasil, um estudo realizado pela SBMFC em ambulatório de ginecologia demonstra prevalência da síndrome pré-menstrual, entre 8% e 86%, dependendo da intensidade dos sintomas. Dentre os sintomas relatados, 86% se referiam à irritabilidade, 17% ao cansaço e 62% a depressão e cefaleia (cada), sendo que 95% das mulheres apresentavam mais de um sintoma, bem como 76% exibiam uma associação de sintomas físicos e psíquicos.

Queiramos ou não, os hormônios fabricados pelo organismo desempenham funções vitais para os processos biológicos, mas, sobretudo, condicionam o comportamento humano e até mesmo o humor. O desequilíbrio hormonal pode levar a pessoa à depressão ou a ver e sentir a realidade de uma maneira muito diferente. Dessa forma, podemos concluir que o ser humano está subordinado aos seus hormônios, pois eles permeiam o cérebro, os pensamentos e, consequentemente, os comportamentos.

Ter alterações hormonais não é sinônimo de fraqueza, inferioridade e desequilíbrio. Apesar disso, o preconceito pode acontecer de forma sutil em situações do cotidiano, o que reforça a crença na fragilidade da mulher. Em entrevista, a jornalista e escritora americana Jessica Bennett cita uma frase muito conhecida que denota o machismo prevalente: "Ela deve estar naqueles dias". Segundo ela, fazer piadas sobre TPM quando uma mulher age de forma mais assertiva "embute a ideia de que os hormônios fazem as mulheres serem menos racionais do que os homens". Ainda de acordo com Jessica Bennett, "não é justo, mas acontece: homens ganham status quando agem de forma agressiva. São vistos como apaixonados pelo trabalho. Já mulheres que agem da mesma maneira perdem status e são vistas como loucas". Entretanto, o homem não apresenta variação hormonal durante o mês como a mulher.

Perceber-se e autoconhecer-se torna-se fundamental para o equilíbrio emocional e a valorização da mulher nas relações cotidianas. A síndrome pré-menstrual é afetada por três fatores: o primeiro deles é a própria menstruação, que interfere no humor da mulher, seguido das alterações no ciclo hormonal, que influem no sistema nervoso central, e da vulnerabilidade que toma conta de muitas mulheres nessa fase, fazendo-as a reagir de maneira desproporcionalmente emocional.

No estudo “Associação entre transtorno disfórico pré-menstrual e transtornos depressivos”, as autoras Maria Laura Nogueira Pires e Helena Maria Calil citam as observações feitas pelo ginecologista Robert Frank sobre a tensão pré-menstrual. Ele afirma que o grupo de mulheres acompanhado se queixava sobretudo de “um sentimento de tensão indescritível que surge de dez a sete dias antes da menstruação, perdurando em geral até o início do fluxo menstrual”. Segundo ele, as “pacientes reclamam de desassossego, irritabilidade, nervos à flor da pele e procuram alívio através de ações consideradas tolas e destemperadas. Seu sofrimento pessoal é intenso e manifesta-se por muitos atos impetuosos eventualmente repreensíveis [...]. Dentro de uma ou duas horas após o início do fluxo menstrual, ocorre um completo alívio, tanto da tensão mental quanto física”.

Muitos estudos e pesquisas sobre essa síndrome têm sido realizados ao longo dos anos. Alguns apoiam, outros questionam, outros ainda negam a influência exclusiva dos hormônios nas alterações emocionais femininas. Aquele realizado pelas pesquisadoras Maria Laura Nogueira Pires e Helena Maria Calil, acima citado, apresenta diversas variáveis que podem proporcionar ampla reflexão sobre o tema. Dele, cito alguns pontos que ajudarão a compreender as alterações emocionais femininas e a importância de compreendê-las para o aumento do nível de inteligência emocional. A procura de alterações hormonais em mulheres com síndrome pré-menstrual tem redundado em resultados negativos, comprovando que o aparecimento dos sintomas independe de uma desregulação hormonal. Além disso, há demonstrações recentes acerca do envolvimento dos hormônios ovarianos na gravidade dos sintomas pré-menstruais, ainda que afirmações sobre esses mecanismos sejam por enquanto mera especulação.

Sabe-se, entretanto, que algumas mulheres respondem de maneiras distintas à mesma questão, o que nos faz indagar quais seriam os motivadores. As autoras citam fatores que compõem o que chamam de “aspecto da vulnerabilidade”. Para pesquisadores citados no estudo, a vulnerabilidade pode ser vista como decorrência da flutuação hormonal e de influências externas, que afetam a maneira como a mulher reage ao longo do ciclo.

Muitas investigações apontam para o agravamento dos sintomas pré-menstruais diante de situações estressantes.

Entre os cientistas e pesquisadores não há consenso sobre as origens ou influências dos distúrbios emocionais e não se sabe se há relação entre eles e a questão hormonal. O consenso não é relevante, pois o que interessa é analisar a existência de um adoecimento que causa sofrimento nas mulheres e que está hipoteticamente relacionado às emoções e, principalmente, à falta de autoconsciência e autoconhecimento, mas também aos costumes culturais. Expectativas negativas em relação à menstruação, aprendidas no ambiente social da mulher, também são citadas como fator determinante na maneira como o ciclo menstrual é vivenciado.

Diante de um cenário de incertezas pessoais, da falta de conscientização sobre seu papel na sociedade, do pouco conhecimento sobre seu próprio corpo e sobre a influência dele nas suas emoções, normalmente a mulher se culpa e se responsabiliza pelo estresse, pelo nervosismo, pela ansiedade, ao mesmo tempo que se percebe incompetente para lidar com as próprias emoções, assumindo o papel de descontrolada emocionalmente.

Assim, a falta de inteligência emocional da mulher moderna impede uma vida mais equilibrada. Desenvolver um planejamento para conciliar as agendas pessoal e profissional, e incluir de forma consciente os períodos de instabilidade hormonal poderia contribuir para melhorar o desempenho e a estabilidade emocional da mulher.

A professora Arakcy Martins Rodrigues, em seus estudos sobre indivíduos, grupos e sociedade, nos apresenta uma realidade sobre as mulheres muito comum na atualidade. Segundo ela, **as mulheres "sentem-se 'periféricas' em relação ao mundo: não participaram de sua feitura e não se responsabilizam pelos resultados"**. Para ela, "a mulher vê sua história acontecer fora dela, geralmente construída por alguém; por vezes a mediação não é feita por outra pessoa, mas pelo destino ou outras entidades que lhe permitem delegar e projetar para fora de si mesma qualquer responsabilidade". Para a pesquisadora, "esses mecanismos diminuem o risco de emergência da depressão e da culpa. A conjugação desses fatores leva muitas mulheres à apresentação de um discurso prolixo [...]. O fato de ser impedida de agir livremente a leva, muitas vezes, à fantasia de que teria capacidade para resolver os problemas, mas é impedida pelos homens".

De maneira geral, uma das principais características das sociedades é a desigualdade entre os sexos, de modo que na vida econômica, cultural, política e intelectual, muitas mulheres cumprem um papel de subordinadas aos desejos e imposições, por vezes velados ou camuflados e até mesmo inconscientes, do mundo masculino.

É evidente, entretanto, que hoje outras tantas mulheres já têm tomado consciência de sua tarefa na própria vida e no mundo social e político, e avançam, mesmo que lentamente, rumo ao ideal traçado e desejado por cada uma delas. Diante do que podemos indagar: o que faz com que uma mulher deixe de ser autônoma? O que a impede de ter consciência de sua importância na sociedade mantendo-a presa à ideia de que deve ser subalterna e inferior?

A perda da autonomia em uma mulher pode ser resultado de diversos fatores sociais, psicológicos e históricos que se entrelaçam para criar uma percepção de inferioridade e subalternidade. Em muitas culturas, as mulheres foram historicamente educadas a priorizar o cuidado com os outros sobre o próprio desenvolvimento, sendo incentivadas a assumir papéis de apoio em vez de liderança. Isso cria uma base cultural onde o autoconhecimento e a valorização pessoal ficam em segundo plano, gerando um ciclo em que a mulher passa a enxergar o próprio valor através do olhar externo e da aceitação alheia, frequentemente deixando de lado suas próprias ambições e autonomia.

O conceito de "autoeficácia," ou a crença na própria capacidade de alcançar metas e superar desafios, é essencial para a autonomia, mas pode ser enfraquecido em um ambiente onde mulheres têm suas capacidades questionadas ou subestimadas. Essa dinâmica é reforçada por estereótipos de gênero e preconceitos enraizados, que sutilmente influenciam as mulheres a subvalorizarem suas próprias habilidades e a acreditarem que ocupações de poder ou protagonismo não são adequadas para elas. Sem o fortalecimento da autoconfiança e sem exemplos de modelos femininos de autonomia, muitas mulheres continuam presas a papéis subordinados, acreditando que essas são as únicas opções legítimas.

A consciência de sua importância na sociedade e a busca pela autonomia plena podem ser limitadas pela falta de apoio a um autoconhecimento robusto e a um ambiente que encoraje seu crescimento. A falta de acesso a redes de apoio, bem como as barreiras a uma educação voltada para a autovalorização e liderança, reforça essa condição.

Diante de tais questionamentos, trago à luz as indagações do filósofo francês Étienne de La Boétie, formuladas no século XVI, por volta de 1570, mas muito atuais ainda hoje: "Que mais é preciso para possuir a liberdade do que simplesmente desejá-la? Se basta um ato de vontade, se basta desejá-la, que nação há que a considere assim tão difícil? Como pode alguém, por falta de querer, perder um bem que deveria ser resgatado a preço de sangue? Um bem que, uma vez perdido, torna, para as pessoas honradas, a vida aborrecida e a morte salutar?"

A "servidão" feminina parece capaz de resistir às mudanças da história e às conquistas obtidas, tornando muitas mulheres vítimas de um contexto massacrante, de dores e mazelas deterministas, mas também de liames autoimpostos. Cabe-nos ponderar acerca dos desafios enfrentados por muitas mulheres que desconhecem o poder da reconstrução pessoal da autoimagem mental. Cabe-nos ponderar sobre o reconhecer, o repensar e o reconstruir o "eu verdadeiro" existente em cada mulher. **Cabe-nos indicar prováveis caminhos para que as mulheres possam se libertar das amarras do passado e reeditar a própria história numa jornada em busca da reconstrução do eu.**

É fundamental, portanto, que mulheres desenvolvam a inteligência emocional e cultivem habilidades que promovam a autonomia e resiliência, permitindo que reconheçam seu valor inato e rompam com padrões históricos de subordinação e inferioridade.

Com a intenção de contribuir com a construção desse provável caminho, acredito que muitas ferramentas de inteligência emocional são salutares ao empoderamento emocional feminino.

Assim, abordaremos algumas delas, voltadas para o processo de fortalecimento da inteligência emocional feminina. Mas, antes, preciso apresentar um novo fator, que não foi abordado de forma direta na versão anterior, que aumenta os desafios enfrentados pela mulher: o **Wollying.** Já ouviu falar?

Fim da seção

Nossa conversa neste capítulo abordou:

- ☑ O papel da mulher hoje;
- ☑ O empoderamento feminino;
- ☑ A importância da inteligência emocional feminina;
- ☑ O efeito nocivo dos padrões de beleza;
- ☑ A desigual distribuição das tarefas por gênero;
- ☑ A importância de a mulher aprender a lidar com suas emoções para ter sucesso e ser mais feliz.

CAPÍTULO

4

WOLLYING: COMPETIÇÃO FEMININA NO TRABALHO E A INTELIGÊNCIA EMOCIONAL COMO SOLUÇÃO

Uma mulher que apoia outra mulher,
de maneira genuína, consciente e
consistente, impacta a vida de
dezenas de mulheres e famílias
inteiras. Seja você essa mulher.

Simone Salgado

Ao explorar as raízes do Wollying e apresentar soluções práticas baseadas em inteligência emocional, este capítulo busca iluminar caminhos para um ambiente mais colaborativo e solidário. O futuro da igualdade no trabalho depende não apenas de políticas, mas também da disposição de cada mulher em promover a sororidade e romper com padrões que limitam a todas.

Nos últimos anos, o **Wollying** — forma de bullying entre mulheres no ambiente de trabalho — ganhou maior evidência, despertando a atenção de estudiosos e organizações. Embora o termo ainda seja pouco conhecido, ele descreve dinâmicas de competição, exclusão e sabotagem entre mulheres que prejudicam não apenas o ambiente de trabalho, mas também o bem-estar e o crescimento profissional das envolvidas. Este tema, cada vez mais relevante, é central nas discussões sobre saúde mental e igualdade de gênero, e não poderia ficar de fora desta reedição.

O Wollying mina a convivência entre mulheres, criando ambientes tóxicos e dificultando a colaboração. Em um momento histórico em que se fala tanto sobre empoderamento feminino, é urgente abordar como a **inteligência emocional (IE)** pode ser uma ferramenta poderosa para romper esses padrões, promovendo um ambiente mais solidário e de crescimento coletivo.

Embora ainda haja poucas referências acadêmicas específicas sobre Wollying, ele se conecta a estudos sobre bullying e relações de poder no ambiente corporativo. Mulheres em cargos de liderança podem ser tanto vítimas quanto autoras desse tipo de comportamento, muitas vezes impulsionadas por pressões sociais e estereótipos de gênero. Além disso, o sucesso feminino em ambientes competitivos pode despertar sentimentos de inveja ou insegurança, tornando mais desafiadora a construção de redes de apoio genuínas.

O que está por trás da competição entre mulheres?
A competição entre mulheres, muitas vezes resultando em Wollying, tem raízes profundas na sociedade, na cultura e no mercado de trabalho.

- ✓ **Condicionamento social e cultural**: Desde cedo, as mulheres são ensinadas a competir pela validação, especialmente no que diz respeito à aparência e ao sucesso. A mídia reforça padrões inalcançáveis, promovendo comparações constantes e rivalidades que, muitas vezes, não fazem sentido.
- ✓ **Internalização do machismo**: O machismo estrutural ensina que o valor das mulheres está atrelado à validação masculina. Isso cria uma mentalidade de escassez, em que mulheres se veem lutando entre si por reconhecimento em vez de se apoiarem.
- ✓ **Pressões do mercado de trabalho**: A desigualdade salarial e a sub-representação em cargos de liderança aumentam a pressão para que as mulheres provem seu valor continuamente, o que com frequência gera rivalidades desnecessárias. A percepção de que há poucas oportunidades para mulheres aumenta essa rivalidade, comprometendo a solidariedade no ambiente profissional.

Consequências do Wollying

Os impactos dessa dinâmica são profundos e afetam tanto o ambiente de trabalho quanto a saúde emocional das envolvidas.

- ✓ **Ambiente de trabalho tóxico:** o Wollying enfraquece o espírito de equipe, reduz a eficiência e cria um clima de desconfiança; em vez de apoiar-se mutuamente, as mulheres podem se ver como rivais.

- ✓ **Impactos psicológicos:** ansiedade, depressão e baixa autoestima são consequências comuns para vítimas de Wollying. A competição constante e a exclusão podem minar sua confiança e prejudicar seu desempenho profissional.
- ✓ **Reforço de estereótipos:** esses conflitos perpetuam a ideia equivocada de que mulheres são "naturalmente" competitivas e incapazes de trabalhar juntas. Isso perpetua a desigualdade de gênero, uma vez que limita as oportunidades de crescimento coletivo.

A Inteligência Emocional como solução

> *Mulheres que ajudam outras mulheres acabam criando algo maior do que elas mesmas.*
>
> **Madeleine Albright**

A inteligência emocional fornece ferramentas práticas para superar o Wollying e promover uma cultura de apoio e empatia no trabalho:

- ✓ **Autoconsciência e empatia**: Reconhecer as próprias emoções e compreender as pressões enfrentadas por colegas é essencial para reduzir rivalidades. Desenvolver empatia permite transformar conflitos em conexões.
- ✓ **Regulação emocional**: Aprender a lidar com emoções negativas, como inveja e ressentimento, ajuda a construir relações mais saudáveis e produtivas.
- ✓ **Promoção de colaboração**: Habilidades de comunicação eficazes e resolução de conflitos, desenvolvidas com IE, permitem que mulheres trabalhem juntas para alcançar objetivos comuns.

Caminhos para lidar com o Wollying

- ✓ **Educação e conscientização:** Treinamentos que abordem o impacto do machismo e o condicionamento social podem ajudar a reduzir comportamentos de Wollying.
- ✓ **Redes de apoio:** Programas de mentoria e grupos de afinidade entre mulheres são cruciais para fomentar a solidariedade.
- ✓ **Celebrar sucessos coletivos:** Reconhecer o trabalho em equipe, em vez de destacar indivíduos, pode transformar a cultura organizacional.

O **Wollying** é uma questão cada vez mais presente nas discussões sobre o ambiente de trabalho feminino e não pode ser ignorada. Ao desenvolver a inteligência emocional e promover um diálogo aberto sobre as raízes da competição entre mulheres, podemos construir um futuro mais colaborativo, em que a solidariedade feminina seja a chave para o crescimento e o sucesso.

> *Não importam as razões e, sim, que o wollying é um ato de violência e julgamento que ocorre todos os dias, em todos os lugares e situações, mas que, por ser pouco falado, tem passado despercebido.*
>
> **Kátia Teixeira**

CAPÍTULO

5

O IMPACTO DO ETARISMO NA AUTOESTIMA FEMININA

Envelhecer é como escalar uma grande montanha:

enquanto se sobe,
as forças diminuem,
mas o olhar é mais livre,
a vista mais ampla e serena.

Ingmar Bergman

Vivemos em uma sociedade que valoriza intensamente a juventude, muitas vezes negligenciando a sabedoria e a experiência que vêm com o passar dos anos. Esse cenário, amplificado por padrões culturais e sociais, dá origem ao **etarismo** — uma forma de preconceito que discrimina indivíduos com base em sua idade, impactando particularmente as mulheres. Seja no mercado de trabalho, na mídia ou nas interações sociais, o etarismo mina a autoestima e reforça estereótipos que invisibilizam e limitam a contribuição feminina em diferentes contextos.

Neste capítulo, exploraremos como o etarismo afeta as mulheres em várias dimensões de suas vidas, desde a pressão por atender a padrões estéticos até as barreiras profissionais que enfrentam à medida que envelhecem. Também discutiremos como a inteligência emocional pode ser uma ferramenta poderosa para ressignificar o envelhecimento e fortalecer a autoconfiança, promovendo um olhar mais inclusivo e positivo sobre o papel das mulheres em todas as fases da vida.

O **etarismo** — preconceito ou discriminação baseada na idade — afeta profundamente a forma como as mulheres percebem umas às outras e como são tratadas na sociedade. Em um mundo que valoriza a juventude como consequência de vitalidade e beleza, o envelhecimento feminino é frequentemente tratado como algo a ser evitado ou disfarçado. Como destacou Simone de Beauvoir:

> *Para a sociedade, a velhice aparece como uma espécie de segredo vergonhoso, do qual é indecente falar.*

Essa perspectiva reforça barreiras culturais e institucionais que tornam o envelhecimento um desafio psicológico e social para muitas mulheres.

O etarismo no mercado de trabalho

No ambiente profissional, o etarismo muitas vezes se manifesta em forma de exclusão e desvalorização das mulheres acima dos 40 anos. Dados da Organização Internacional do OIT (OIT, 2020) mostram que essas mulheres enfrentam maiores dificuldades para acessar cargos de liderança ou se reposicionar no mercado, mesmo quando trabalham e possuem competências iguais ou superiores aos colegas mais jovens. Esse cenário é agravado por estereótipos que associam a idade avançada à falta de inovação ou flexibilidade.

Um relatório da McKinsey (2022) revelou que a percepção de idade é um dos principais fatores que limitam a progressão da carreira de mulheres em setores altamente competitivos. Essa realidade não apenas prejudica as profissionais mais experientes, mas também priva as organizações de um talento diversificado e valioso.

Embora os dados específicos sobre a proporção de mulheres com mais de 40 anos em cargos de liderança não sejam amplamente divulgados, é possível apresentar um panorama geral da presença feminina em cargos de liderança nos últimos três anos para o Brasil e os Estados Unidos.

Ano	País	Cargos de Liderança	Detalhes Adicionais
2022	Brasil	38%	Mulheres ocupavam cargos de liderança em empresas de médio porte. (Grant Thornton)

2023	Brasil	17%	Mulheres em cargos de presidência, aumento de 4% em relação a 2019. (Grupo Talenses e pelo Insper)
2024	Brasil	38%	Representação feminina em cargos de alta liderança no executivo federal. (Movimento Pessoas à Frente)
2023	Estados Unidos	10,6% (CEOs da Fortune 500)	Pela primeira vez, mais de 10% das empresas Fortune 500 têm mulheres como CEOs. (FCD)
2023	Estados Unidos	28% (VP) e 23% (VP Sênior)	Representação feminina em posições executivas. (McKinsey)
2023	Estados Unidos	11,8%	Mulheres em cargos de diretoria executiva, uma queda em relação aos 12,2% do ano anterior. (CNN Brasil)

Embora esses dados forneçam uma visão geral da presença feminina em cargos de liderança, a falta de informações específicas sobre a faixa etária acima de 40 anos destaca a necessidade de pesquisas mais desenvolvidas para compreender plenamente o impacto do etarismo no mercado de trabalho.

A pressão sobre a aparência e a imagem pessoal

> *"A juventude é o dom da natureza, mas a idade é uma obra de arte."*
>
> **Stanislaw Jerzy Lec**

Além das barreiras no mercado de trabalho, o etarismo também se reflete na pressão estética imposta às mulheres. A sociedade e as redes sociais promovem um padrão de beleza que glorifica a juventude e ignoram a pluralidade de experiências que o envelhecimento pode trazer. Estudos da American Psychological Association (APA, 2020) indicam que a exposição constante a imagens idealizadas gera sentimentos de inadequação e insatisfação corporal, contribuindo para problemas de autoestima e saúde mental, como ansiedade e depressão.

Um levantamento do *Dove Self-Esteem Project* (2021) apontou que 80% das meninas entre 10 e 17 anos já sentiram pressão intensa para atender a padrões de beleza. Essa percepção é ampliada com a idade, à medida que as mulheres maduras passam a ser invisibilizadas ou cobradas por manterem uma aparência que nega seu processo natural de envelhecimento.

Inteligência emocional como ferramenta contra o etarismo

A inteligência emocional surge como uma aliada essencial para lidar com os impactos do etarismo, ajudando as mulheres a desenvolverem habilidades para desafiar narrativas limitantes. Segundo um estudo da *Harvard Business Review* (2021), o autoconhecimento é fundamental para identificar limitações e fortalecer a autorregulação emocional. Essas habilidades permitem que as mulheres reconheçam o seu valor intrínseco, independentemente da sua idade, e construam uma autoestima baseada nas suas competências e experiências.

A empatia, outro pilar da inteligência emocional, também desempenha um papel importante. Ela possibilita que as mulheres se conectem com outras gerações, promovendo a troca de conhecimentos e experiências, e ajudando a desconstruir a ideia de que o envelhecimento é um processo a ser temido.

A **sororidade** é uma resposta poderosa ao etarismo, especialmente quando fundamentada na inteligência emocional. Promover menos competição e mais apoio mútuo entre mulheres significa criar um ambiente onde a valorização das habilidades individuais substitua comparações destrutivas. A inteligência emocional é essencial para fomentar essa prática, pois envolve o desenvolvimento da empatia, da comunicação assertiva e da autorregulação emocional. Quando as mulheres apoiam de forma sincera, confirmando o valor e a contribuição de cada uma, elas não apenas constroem redes de apoio, mas também criam um espaço de fortalecimento coletivo que desafia padrões de exclusão e preconceitos relacionados à idade.

Na prática, isso se traduz em iniciativas como mentorias, parcerias e o destaque intencional das conquistas umas das outras, ajudando a redefinir o papel feminino em uma sociedade ainda marcada por barreiras estruturais.

Reconstruindo narrativas sobre o envelhecimento

Para enfrentar o etarismo, é necessário ressignificar o envelhecimento como uma etapa valiosa e empoderadora. Mulheres que abraçam essa fase como um momento de autodescoberta e crescimento tendem a relatar maior bem-estar emocional e satisfação com a vida. Práticas de autocuidado, como exercícios físicos, alimentação equilibrada e apoio emocional, são fundamentais para fortalecer a saúde integral e combater os efeitos negativos do preconceito etário.

Além disso, é necessário que as organizações promovam a inclusão etária, criando ambientes de trabalho onde a diversidade seja vista como um ativo estratégico. Políticas que incentivam a diversidade etária, combinadas com programas de mentoria e desenvolvimento, podem ajudar a transformar culturas organizacionais e dar às mulheres maduras o reconhecimento e as oportunidades que merecem.

Promovendo uma cultura de valorização

O etarismo não é apenas um desafio individual, mas uma questão estrutural que exige mudanças culturais e institucionais. Ao abraçar a diversidade etária e combater preconceitos relacionados à idade, as mulheres podem não apenas fortalecer sua autoestima, mas também pavimentar o caminho para uma sociedade mais justa, em que todas as gerações tenham voz e relevância.

O combate ao etarismo não é apenas uma luta individual, mas um esforço coletivo para desconstruir preconceitos profundamente enraizados e criar uma sociedade mais justa e inclusiva. À medida que mulheres de todas as idades abraçam a inteligência emocional como aliada, elas não apenas fortalecem sua resiliência, mas também ampliam sua capacidade de reinicialização das narrativas sociais sobre envelhecimento, sucesso e beleza.

Ressignificar o envelhecimento como um processo natural é fundamental para transformar desafios em oportunidades. A partir do autocuidado, do autoconhecimento e da sororidade, as mulheres podem construir uma visão mais equilibrada de si mesmas, inspirando outras a fazer o mesmo. Mais do que resistir às imposições do etarismo, o objetivo é criar uma nova realidade em que todas as idades sejam celebradas por sua singularidade e contribuição.

Encontros regulares, comunidades de apoio mútuo e auxílio terapêutico, são essenciais para que ressignificar seja possível e para aceitação, posicionamento e autoinclusão aconteçam.

As amarras e as cicatrizes causadas pelo etarismo são profundas e exigem esforço e autopermissão para que sejam rompidas. As ferramentas de inteligência emocional, quando usadas diariamente, podem ajudar, e muito.

CAPÍTULO

6

A CULPA QUE A MULHER CARREGA PELA RESPONSABILIDADE DE TER FILHOS PERFEITOS E FAZÊ-LOS FELIZES

A CULPA MATERNA
NÃO NASCE COM A MÃE,
mas com as expectativas que
o mundo lança sobre ela.

Simone Salgado

Neste capítulo, convido você a refletir sobre um tema profundamente relevante para as mulheres: a culpa que tantas vezes carregam por se sentirem responsáveis pela felicidade de seus filhos. Para aprofundar esta discussão, apresento a psicóloga **Débora Beldowicz**, uma profissional com ampla experiência e um olhar sensível sobre os desafios enfrentados pelas mães. Débora mora e atua nos Estados Unidos há muitos anos, é mestre em Psicologia pela **American Military University** e possui certificações pelo **Departamento de Família do Estado de Nova Jersey** como assistente comportamental. Com mais de 15 anos de experiência em saúde mental, Débora também é facilitadora de grupos de trauma e apoio a vítimas de violência doméstica, além de trabalhar com famílias e mediação juvenil.

Com base em sua trajetória, Débora compartilha reflexões sobre os efeitos psicológicos que a culpa materna pode causar, especialmente quando a sociedade coloca sobre as mulheres o peso da responsabilidade total pela felicidade dos filhos. A necessidade de conhecimento sobre inteligência emocional feminina torna-se clara ao longo da entrevista: desenvolver habilidades como empatia, autorregulação e autoconsciência não apenas ajuda as mães a lidar com esses desafios, mas também as capacita a construir relações familiares mais saudáveis e equilibradas.

A **inteligência emocional feminina** é um pilar essencial para o desenvolvimento das mulheres em todas as áreas da vida, e a maternidade é uma delas. Neste contexto, ela permite que as mães diferenciem a culpa de responsabilidade, entendam suas próprias emoções e estejam mais preparadas para influenciar positivamente a vida dos filhos sem carregar um peso desnecessário. Ao mesmo tempo, a IE ajuda a navegar pelos desafios do dia com mais resiliência, ampliando sua capacidade de tomar decisões conscientes e priorizar o autocuidado.

Débora Beldowicz, com sua experiência e conhecimento, nos guia a uma jornada reflexiva sobre como as mulheres podem ressignificar o papel da maternidade, libertando-se da culpa paralisante e abraçando uma abordagem mais saudável e construtiva. Este capítulo é um convite para que cada mulher reconheça que, ao cuidar de sua saúde emocional, está também fortalecendo seus relacionamentos e inspirando seus filhos a desenvolverem suas próprias inteligências emocionais.

A maternidade, muitas vezes idealizada como uma experiência de realização e plenitude, carrega consigo desafios emocionais profundos. Um dos mais intensos é a culpa que muitas mulheres sentem em relação à felicidade de seus filhos. O que torna esse sentimento ainda mais complexo é a pressão social que atribui à mãe a responsabilidade por "fazer o filho dar certo". Essa expectativa não só sobrecarrega emocionalmente, pois pode gerar danos psicológicos significativos.

A psicóloga Débora reflete sobre o impacto dessa culpa, destacando que a felicidade é um conceito amplo e subjetivo. "Todos somos felizes, muitas vezes sem saber. Alguém nos nutriu, cuidou de nossas necessidades. Às vezes, não foi a própria mãe, mas alguém cumpriu esse papel a pedido dela", afirma. No entanto, à medida que os filhos crescem, muitas mães começam a se questionar: *Fui uma mãe presente? Fiz o suficiente?* Essas perguntas, por si só, podem desencadear sentimento de culpa.

Débora ressalta que, muitas vezes, a culpa surge não da ausência de cuidados essenciais, mas do "supérfluo". "A mãe que trabalha para garantir o bem-estar básico do filho está presente de uma maneira muito significativa, mesmo que não se sinta fisicamente ao lado dele o tempo todo", explica. Contudo, há situações em que escolhas supérfluas, como excesso de trabalho para obter bens materiais desnecessários, podem levar ao arrependimento e à culpa futura.

A ferida da culpa: sincera ou social?

A pressão para que a mãe seja a principal responsável pelo sucesso do filho é, geralmente, uma imposição social. Débora explica que, embora a ferida da culpa seja real, é uma sociedade que frequentemente amplifica essa dor. "A mãe pode criar a ferida, mas ela não precisa fazer. O paradigma de que a mãe é responsável por tudo o que acontece na vida dos filhos é pesado demais", ressalta.

Esse peso se torna ainda mais evidente quando os filhos tomam decisões que fogem ao padrão social, como mau desempenho escolar ou escolhas de vida inesperadas. Nesse contexto, muitas mulheres sentiram que fracassaram como mães, ignorando o fato de que os filhos, ao crescerem, tornam-se indivíduos com livre-arbítrio e são responsáveis por suas escolhas. "A mãe pode influenciar, mas não controlar. Essa distinção é essencial para aliviar a culpa que tantas mulheres carregam", explica Débora.

A culpa e o impacto nos relacionamentos

A culpa materna também pode repercutir nos relacionamentos conjugais, gerando conflitos e distanciamento entre os parceiros. O insucesso de um filho muitas vezes leva a acusações mútuas dentro do casal. Débora enfatiza que a prevenção é o caminho mais eficaz para evitar esses danos. "Relacionamentos bem-sucedidos são construídos com diálogo, planejamento e uma visão compartilhada dos papéis parentais", diz.

Planejar os filhos e discutir responsabilidades de maneira aberta e honesta ajuda a criar um ambiente familiar mais harmonioso. Mesmo no caso de filhos não planejados, a comunicação entre os parceiros é fundamental para evitar a desarmonia. "O sucesso na criação dos filhos é refletido no desejo deles, já adultos, de permanecerem próximos dos pais. Essa conexão é construída com disponibilidade emocional e atitudes consistentes ao longo da vida", destaca Débora.

"É preciso saber diferenciar quando há dependência emocional e quando a relação se torna abusiva", explica. Ela sugere que, para identificar a qualidade de um relacionamento, é útil refletir: *Se você se divorciasse hoje, seria possível manter uma amizade saudável? Se perguntasse a seu filho como foi a criação dele, o que ele responderia?* Essas perguntas podem revelar muito sobre a dinâmica de poder e saúde emocional no vínculo.

Culpa, responsabilidade e liberdade emocional

Um ponto essencial pensado por Débora é a diferença entre culpa e responsabilidade. Enquanto a culpa paralisa e consome, a responsabilidade permite ação e crescimento. As mulheres não são responsáveis pela felicidade absoluta de seus filhos ou parceiros, mas têm a responsabilidade de entregar ferramentas, como valores e suporte emocional, que os ajudem a trilhar seus próprios caminhos.

> *Somos partes de um ecossistema familiar, no qual todos têm suas responsabilidades e contribuições. Uma ferramenta simples, e infelizmente, muito negligenciada é o diálogo.*

Débora também alerta para a manipulação emocional que pode surgir no relacionamento entre mães e filhos. Muitas mulheres, consumidas pela culpa, tornam-se reféns emocionais, permitindo abusos psicológicos, emocionais e físicos. A felicidade dos filhos não é uma responsabilidade exclusiva das mães.

Débora conclui que o papel materno é oferecer apoio e recursos para que os filhos se tornem indivíduos independentes, capazes de fazer suas escolhas e assumir suas consequências.

> *"Libertar-se da culpa e abraçar a responsabilidade como um ato de amor é o caminho para um relacionamento mais saudável e equilibrado com os filhos, com os parceiros e, principalmente, consigo mesma."*
>
> **Débora Beldowicz**

> *"Não há como construir uma felicidade autêntica para os outros sem antes cultivá-la em si mesma."*
>
> **Brené Brown**

CA
PÍ
TU
LO

7

FERRAMEN
DE INTELIG
EMOCIONA
FEMININA

INTELIGÊNCIA EMOCIONAL NÃO É SOBRE ELIMINAR AS EMOÇÕES,

mas sim entender e controlar sua influência sobre nós.

Daniel Goleman

Como já dissemos, a inteligência emocional é a capacidade de controlar as emoções, de impedir que a ansiedade interfira no potencial do raciocínio, de ser autoconfiante, de se automotivar. A habilidade de identificar e gerenciar as próprias emoções é um atributo valioso para alcançar serenidade. Pessoas com bons níveis de inteligência emocional são mais resilientes e lidam melhor com desafios.

> *Reitero que o foco principal deste trabalho é identificar e iluminar o papel social feminino, suas especificidades, suas relações pessoais e profissionais; é contribuir com a construção de um caminho para o equilíbrio emocional e para uma vida com mais qualidade.*

Daniel Goleman, em sua já citada obra *Inteligência emocional*, nos aponta que os fundamentos da inteligência emocional para o desenvolvimento de competências e habilidades emocionais estão pautados em cinco pilares:

1. **Autoconsciência**: capacidade de reconhecer as próprias emoções.
2. **Autorregulação**: capacidade de lidar com as próprias emoções.
3. **Automotivação**: capacidade de se motivar e de se manter motivado.
4. **Empatia**: capacidade de enxergar as situações pela perspectiva do outro.
5. **Habilidades sociais**: conjunto de capacidades envolvidas na interação social.

Desempenhar variados papéis, como o de mãe, profissional, esposa e amiga, exige mais que inteligência, exige controle das emoções.

Alcançar o equilíbrio emocional é um dos maiores desafios da mulher moderna, pois os sentimentos podem ser aliados ou inimigos. E desenvolver a inteligência emocional pode ser a chave para o sucesso pessoal e profissional.

A proposta deste livro é utilizar os processos da inteligência emocional, com foco no desenvolvimento da inteligência emocional feminina, para trazer a mulher para o centro da própria vida, a fim de que ela possa tomar consciência de suas qualidades e habilidades.

A ideia é que ela perceba isso por meio da autopercepção e automotivação, fazendo uma completa, profunda e constante investigação sobre todos os aspectos que a envolvem, como, filhos, família, trabalho, amigos, e, com o olhar no futuro, identifique quais são seus sonhos e objetivos, e aonde ela gostaria de chegar.

Nessa proposta, não só o racional, mas sobretudo as emoções e os sentimentos, são observados e desenvolvidos. Eles são responsáveis pelas crenças que conduzem e impactam as decisões e as escolhas, e representam os significados que as pessoas atribuem aos fatos que lhes acontecem e aos resultados obtidos. Vale esclarecer que as crenças de um indivíduo são representadas por todas as ideias que ele viu, ouviu ou concluiu e que se tornaram verdades absolutas para ele.

Neste capítulo, vamos apresentar algumas ferramentas que servirão para ajudar a leitora a desenvolver sua inteligência emocional.

> *Elas servem como prática e também como exemplo dos progressos que é possível obter com o um trabalho de* coaching *ministrado por profissionais especializados.*

E são utilizadas num processo voltado ao desenvolvimento de competências e remoção de bloqueios para que os sonhos, metas e objetivos sejam alcançados de forma consistente, com a consequente melhora em vários aspectos.

A falta de foco, de objetivos claros e de sentido na vida é responsável por grande parte dos desajustes emocionais e de doenças derivadas desses desequilíbrios. Em meus estudos e em minha atuação como *coach*, percebo que as mulheres que tenho atendido diariamente se encontram diante de uma confusão mental e emocional por estarem vivendo de maneira desordenada e incongruente em relação às áreas de sua vida; poucas reconhecem a importância dessas áreas e a forma inadequada como se comportam diante delas. Noto também que grande parte das mulheres tem dificuldades na identificação dos valores que regem sua vida e normalmente estão focadas no externo. Por valores, podemos entender o conjunto de características de uma determinada pessoa que impõe a forma como ela se comporta e interage com aqueles que a rodeiam e com o meio em que vive.

Tenho a intenção de propor ferramentas que possam trazer mais uma vez clareza à mulher, que a levem para o centro da própria vida, permitindo-lhe, antes de tudo, perceber-se como ser humano, de modo que compreenda suas fraquezas e trabalhe para superá-las. É importante que a mulher entenda e aceite que ela não é uma super-heroína e que não precisa tomar conta de tudo o tempo todo. E que possa, assim, ter o pleno controle de sua inteligência emocional.

Acredito que, quanto mais se fala sobre o tema, mais se contribui para a conscientização com relação à transformação de mentalidades. Como visto nos capítulos, todas as mulheres, durante a criação da história de vida, ao enfrentarem preconceitos culturais, sociais e religiosos, tiveram de fazer escolhas, que por sua vez afetaram sua vida e a das pessoas à sua volta, e foram afetadas pelas escolhas de outros.

Diante de um cenário de sofrimento e luta para se libertar de preconceitos e ditaduras impostas, ainda há espaço para se perceber as singularidades, para compreender que os desafios da vida, por si só, não causam os desajustes emocionais, mas sim o que se faz com esses desafios à medida que são vivenciados.

Há que se compreender a importância da autorresponsabilização, da autoconfiança, da clareza de propósito e da automotivação na busca de estratégias para superação dos obstáculos impostos, resultando no sucesso pessoal e profissional, no autoconhecimento e na autogestão.

Infelizmente, muitas mulheres não tiveram direcionamentos ou acesso ao conhecimento, sendo muito difícil que saibam o que fazer para mudar e de que maneira, quando se veem dentro de um caldeirão de atividades, sentimentos e obrigações.

Entendo ser imprescindível que sejam introduzidas na educação das crianças, mas também disponibilizadas para as mulheres, ferramentas simples que proporcionem clareza, autoconsciência, autopercepção e fortalecimento do eu; ferramentas que possam contribuir para a eliminação dos medos, das angústias, das tristezas, das inseguranças, assim como para a busca de soluções, direcionamento e fortalecimento da inteligência emocional.

É relevante aplicar ferramentas simples para o desenvolvimento da inteligência emocional feminina nas escolas e em todos os meios educacionais por professores, *coaches*, palestrantes, educadores, como medida de saúde pública que possa trazer à tona a realidade das mulheres e ajudá-las a se organizarem e a construírem uma nova história.

O que proponho neste capítulo é a apresentação de conhecimentos oriundos dos muitos atendimentos realizados com mulheres na minha prática diária como *coach*, transmutados em ferramentas.

> *A proposta é que a mulher possa se sentir capaz, autônoma, que esteja apta a descobrir o potencial realizador que existe dentro dela, com mais empoderamento pessoal e com coragem para alcançar seu melhor sonho.*

Por meio de um processo de mudança, a mulher se torna o centro, como agente ativa desse processo.

A seguir, vou mostrar algumas ferramentas para o desenvolvimento da inteligência emocional feminina e o passo a passo para colocá-las em prática. Sempre ressaltando que elas terão mais eficácia se forem aplicadas e acompanhadas por um profissional habilitado.

Construção da autoimagem positiva

Uma pessoa com autoimagem fortalecida e positiva tem coragem de confiar em suas próprias decisões.

A autoimagem é composta por ideias, avaliações, julgamentos acerca do que a pessoa pensa sobre si mesma; pensamentos sobre sua capacidade de realização, sobre a opinião de outros acerca dela, sobre o que ela é e sobre o que gostaria de ser, que se refletem em seus comportamentos. Como afirma Augusto Cury, em seu já citado livro *Gestão da emoção*, "os maiores inimigos não estão fora do ser humano, mas dentro dele – são criados e nutridos por cada um de nós. E também que não há livre-arbítrio se o Eu é doente, estéril, inerte, enfim, se não exercita a capacidade de ser líder de si mesmo".

Todo histórico de influência externa, de autocrítica excessiva, de autoavaliações negativas, de crenças de incapacidade, de inaptidão e inferioridade, favorece um estado mental e emocional autodepreciativo e claramente indica que se possui uma autoimagem negativa.

É importante reforçar que a percepção que uma mulher tem de si mesma pode ser mudada por meio da aprendizagem, do autoconhecimento e da autodescoberta, da sua identidade, do seu eu. Quando uma mulher acredita em si própria e na sua capacidade de fazer boas escolhas, sente-se segura em suas realizações diárias.

O que percebemos é que há uma grande confusão mental que aprisiona as mulheres em seus cárceres mentais, denotando que a autoimagem positiva é inexistente. Quando ela é positiva, reflete a capacidade de acreditar e permite que a mulher viva de acordo com seus valores e objetivos, favorecendo o contentamento futuro e a satisfação com a vida pessoal e profissional.

Quando a mulher tem consciência de quem é, de suas fortalezas, qualidades e competências, e se aceita como é, começa a afirmar o direito de ser respeitada e sente-se menos vulnerável.

Daniel Goleman, no livro *Trabalhando com a inteligência emocional*, ressalta que nosso estilo de vida não deixa espaço para as emoções, que, segundo ele, "têm sua própria programação e cronologia", o que faz com que sejam reprimidas. De acordo com esse autor, "toda essa pressão mental abafa uma voz interior mais suave, que oferece um leme interior de convicção que poderíamos utilizar para navegar pela vida".

Quando a autoimagem é positiva, a mulher tem a confiança de ser única. Possui a capacidade de identificar crenças errôneas e preconceitos em relação ao corpo, às habilidades e às competências. Tem consciência de quem é, percebe a si mesma. Para isso, o primeiro passo é a mulher se aceitar como é, aprender a amar a si mesma e a seus defeitos.

A Construção da Autoimagem Positiva é uma ferramenta que proporciona à mulher a autopercepção por meio do ensaio mental, do poder da imaginação. Vale esclarecer que todas as ferramentas apresentadas neste livro podem ser realizadas por qualquer pessoa, mas, preferencialmente, deverão ser orientadas e conduzidas por *coaches*, palestrantes, profissionais de saúde e educadores.

Esse exercício consiste numa visualização. Ele estimula a capacidade de simular, de imaginar situações que se deseja que aconteçam. Permite que a mulher crie conexões neurais e expanda sua mente, libere seu imaginário e crie a possibilidade de ir além, de se recriar como mulher, de reconstruir os aspectos negativos de autoimagem. Nesse processo, ela irá identificar momentos bons e fortes, assim como suas fortalezas emocionais, físicas, sociais e psicológicas, projetando um futuro melhor, com mais clareza, consciência, autopercepção e autoconhecimento.

Essa é uma das ferramentas utilizadas no Curso Reciclagem Pessoal Feminina, desenvolvido por mim e destinado a mulheres em busca de autoconhecimento e desenvolvimento da inteligência emocional, dentro dos contextos da inteligência emocional feminina, para que possam superar seus traumas, preconceitos e falhas, assim como vencer o tédio, as incertezas, o medo, a ansiedade, a solidão e a tristeza. Serve para que a mulher possa entender suas possibilidades de se recriar por meio da comparação, da criação de novas conexões neurais, da projeção futura, da identificação e da descrição de suas fortalezas, desenhando dessa maneira uma melhor imagem futura e acreditando que essa nova imagem é possível.

A criação positiva da autoimagem possibilita que a mulher se liberte das concepções negativas a respeito de si mesma. Aprender a questionar opiniões negativas a seu respeito é uma habilidade que deve ser treinada constantemente, assim como a prática de identificar e valorizar os pontos fortes, reconhecendo que todas as pessoas possuem defeitos e que estes não devem ser supervalorizados. Todos nós estamos num constante processo de mudança e a mulher pode decidir aprimorar suas habilidades e investir em conhecimento.

Desenvolver uma autoimagem positiva é um processo interior, que exige comprometimento, perdão, aceitação, compreensão e coragem para enfrentar o passado e se reinventar.

Como praticar

Em cada um dos exercícios deste capítulo, há um passo a passo que orienta sua execução.

Na sequência de todos os exercícios propostos, deixamos algumas linhas para que você possa registrar suas impressões a respeito. Se preferir, você pode também anotá-las num caderno. O importante é que você faça as anotações, pois elas irão aumentar seu autoconhecimento, primeiro passo para uma mudança efetiva de padrões.

- ✓ Inicialmente, procure perceber, por meio de ensaio mental, a sua realidade atual e associe a essa realidade suas emoções.
- ✓ Na sequência, mentalize e visualize uma imagem que seja melhor do que a atual e que tenha acontecido em um momento passado em qualquer uma das áreas de sua vida. Associe a essa imagem passada sentimentos e emoções vivenciados naquele momento.
- ✓ Após identificar essa imagem mais feliz, crie uma imagem de si mesma na qual se vê como a pessoa confiante em que deseja se transformar. Visualize toda a realidade física, emocional, financeira, psicológica, social e familiar.
- ✓ Situe essa imagem criada num futuro próximo, num período de até seis meses, e visualize todos os desejos que tem para todas as áreas de sua vida.

- ✓ Veja como se sente nesse futuro programado. Como os outros a percebem?
- ✓ Qual é a linguagem corporal que você utiliza? Como fala?
- ✓ Com os olhos fechados, imagine os sentimentos, as experiências e as vivências do momento imaginado.
- ✓ Com papel, lápis de cor, giz de cera, pincéis ou outro material disponível, desenhe da melhor forma possível essa imagem, para que fique gravada.
- ✓ O ideal é que você faça esse exercício uma vez por dia, pelo menos durante sete dias.

Minhas impressões

Pirâmide das funções

Comentamos em capítulos anteriores a dificuldade que as mulheres enfrentam para conciliar todas as áreas de sua vida – atividades pessoais, familiares e profissionais.

Sabe-se que a cultura, que tem grande influência nesse aspecto, em geral persiste numa visão conservadora e tradicional dos papéis de homens e mulheres com relação ao cuidado dos filhos e afazeres domésticos.

Além de se ocupar com tudo isso, a mulher ainda precisa encontrar tempo para si mesma, o que deveria ser uma prioridade, pois, se ela não tem condições de cuidar de si própria da melhor forma, a dedicação aos demais pode ficar comprometida.

Tratar dos cabelos e das unhas, realizar exercícios físicos são práticas que fazem com que ela se sinta melhor e possa lidar de forma mais feliz e completa com as outras tarefas do dia a dia.

Essa ferramenta serve para proporcionar estabilidade emocional e permite que a mulher identifique a quantidade de tempo que dedica aos vários papéis assumidos: de mulher, de mãe, de esposa, de profissional. Também permite avaliar a qualidade da dedicação desse tempo.

Figura 5 – Pirâmide das Funções – 100% do seu tempo

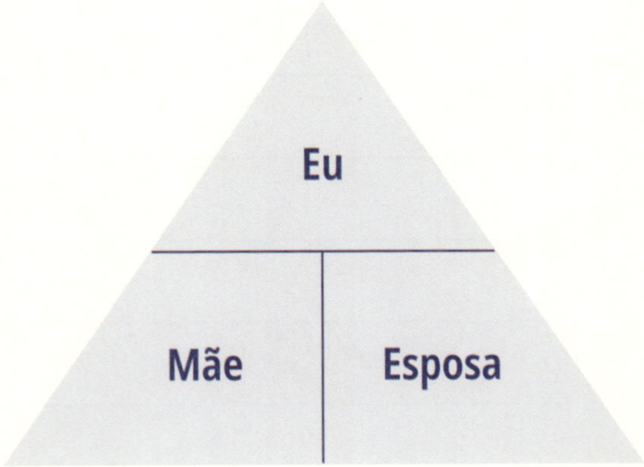

Fonte: Elaboração da autora.

A percepção da quantidade e da qualidade do tempo que a mulher dedica ao cuidado consigo mesma, à família, ao trabalho e à sociedade é muito importante. A mulher envolvida com um excesso de tarefas talvez não consiga ter uma noção precisa do tempo e da energia gastos nos vários setores da sua vida. Normalmente, ela costuma deixar o autocuidado em último lugar sacrificando a quantidade e a qualidade do tempo dedicado para proveito próprio. O que se percebe é que pouquíssimas mulheres conseguem separar tempo de qualidade para si mesmas e não sentir culpa por isso.

Para alcançar o sucesso e realizar os sonhos, é fundamental que haja autoconfiança, que é o resultado de uma autoestima elevada e autoimagem positiva.

As ferramentas de inteligência emocional feminina têm como objetivo fazer com que a mulher seja o centro da própria vida para que possa entender todas as suas qualidades e habilidades, assim como ressaltar suas fortalezas. Servem também para que ela consiga organizar melhor seu tempo e determinar, dentro de uma agenda de tarefas, o que fazer, quando fazer, por que fazer, para quê fazer, para quem fazer e qual a qualidade do tempo dispendido nessas tarefas.

É importante saber que não é possível dar conta de tudo sozinha, que é preciso abrir mão de algumas coisas para poder ser emocionalmente saudável e escolher aquilo que considerar realmente importante para o crescimento e a realização pessoal, de forma a lidar de maneira mais leve com as coisas. Pois como bem diz Augusto Cury, na obra já citada, "uma pessoa que equipa seu Eu para ser fiel à própria consciência é, em primeiro lugar, preocupada com sua saúde emocional e cresce diante da dor; filtra estímulos estressantes, protege a mente, não leva para o túmulo seus fantasmas mentais. [...] Ter projetos, lutar por eles, trabalhar, poupar recursos: são formas de irrigar a emoção. Quem vive na sombra dos outros desidrata a própria felicidade".

Como praticar

✓ Medite sobre a ferramenta das impressões, procurando avaliar quanto tempo de seu dia você dedica a si mesma e quanto tempo dispende para cumprir os papéis de mãe e de esposa. Se trabalha fora, inclua também essa atividade.

✓ A cada final de dia, anote esses tempos. Isso vai ajudá-la a ter consciência de que precisa dedicar-se mais a si mesma e prepará-la para construir esse tempo de autocuidado.

Minhas impressões

Habilidades – o que sei fazer bem?

É sabido que a mulher dedica boa parte de seu tempo aos amigos, aos filhos, ao esposo e à sociedade, e costuma se colocar em segundo plano, assumindo uma posição de sempre servir, de ajudar nas tarefas de outros. Muitas vezes, acaba sendo explorada ou usada pelas pessoas ao seu redor, conscientemente ou não, deixando de se valorizar.

A utilização das ferramentas e dos exercícios de inteligência emocional, além de fortalecer a mulher, trazê-la para o centro da sua vida, estabelecer suas fortalezas, criar conexões neurais e projetar uma visão positiva de futuro, permite a ela perceber o que faz bem e entender se o que ela faz bem pode auxiliá-la a conseguir uma renda extra.

A ferramenta Habilidades – o que sei fazer bem? Incentiva as mulheres a identificar suas potencialidades, habilidades e talentos. Para aquelas que não estão satisfeitas com suas profissões ou atividades profissionais, ou passam por um momento de transição, ela, pela elaboração de uma lista, proporciona clareza quanto a viabilizar tais atividades como fonte de renda.

Promove a reflexão sobre quanto cobrar, como valorizar o trabalho. Essa ferramenta tem como objetivo principal, além de aumentar a renda pessoal, fazer com que a mulher compreenda que a independência financeira é um dos pilares mais fortes para que ela possa se sentir valorizada.

Como praticar

- ✓ Faça uma lista de no mínimo cinco habilidades, ou seja, coisas que você sabe fazer com maestria e que não esteja desenvolvendo como profissão ou com as quais não esteja tendo retorno financeiro.
- ✓ Após identificar essas habilidades, desenvolva um plano de ação.
- ✓ Elabore um passo a passo para visualizar o que é necessário para começar a usar suas habilidades e torná-las rentáveis.

- ✓ Confira esse plano a cada dia ou pelo menos a cada semana.
- ✓ Se lhe ocorrerem outras habilidades, inclua-as na lista e nas propostas para transformá-las em atividades rentáveis.

Minhas impressões

Eliminando hábitos ruins

A inteligência emocional feminina trabalha com várias áreas da vida, de modo que essa ferramenta específica aborda a saúde da mulher, para que ela possa ter clareza de como está física e emocionalmente, identificando seus sentimentos, emoções e pensamentos, e controlá-los.

É uma ferramenta simples, que serve para elucidar dois hábitos ruins e incentivar a eliminação deles por meio de uma decisão própria. A proposta é identificar quais são as compulsões, as debilidades, aquilo que realmente constitui hábitos ruins e prejudiciais à saúde emocional, física e psicológica.

Essa prática pode trazer resultados poderosos para a vida da mulher. E talvez a falta de conhecimento a impeça de praticá-las e enxergá-las como importantes dentro do contexto de sua vida.

Como praticar

- ✓ Identifique na rotina diária dois hábitos ruins que estejam prejudicando sua vida e que lhe causem angústia ou frustração, ou que levem a outros hábitos nocivos, como a compulsão por alimentos, o vício de beber ou o uso de medicamentos.

- ✓ Em seguida, procure identificar qual é o gatilho para esses comportamentos, quais os motivos que induzem a tais hábitos e até que ponto eles lhe são prejudiciais.

- ✓ Feita essa identificação e conscientização dos hábitos nocivos, escolha dois bons hábitos e coloque-os no lugar dos hábitos nocivos. Faça isso mentalmente, imaginando, por exemplo, que o hábito ruim está dentro de uma caixa e você desloca essa caixa para colocar no lugar dela a caixa com o hábito bom. Exemplos de bons hábitos são fazer caminhadas de quinze minutos, meditação ou relaxamento ao fim do dia.

- ✓ Junto com o exercício mental, crie uma rotina para cumprir os novos hábitos adotados. Defina a periodicidade com que irá colocá-los em prática e obedeça a esse planejamento.

Minhas impressões

Escada para a realização dos sonhos/Ordenação de valores

Outra ferramenta a ser usada para o desenvolvimento da inteligência emocional feminina e para que a mulher tenha autoconsciência e melhor percepção de si mesma é a Escada para a Realização dos Sonhos, à qual está atrelada a atividade Ordenação dos Valores.

Sonhar é natural a todo ser humano e faz parte do caminho e do propósito de vida. Assim, é importante que a mulher saiba aonde quer chegar, quais são seus sonhos, desejos e objetivos, a fim de transformá-los em realidade. Dessa forma, poderá concentrar os esforços, aumentar a energia e criar oportunidade para alcançá-los.

Porém, além de sonhar, é preciso ter confiança na sua capacidade. Os sonhos podem ser desdobrados em metas. A cada etapa cumprida, a segurança irá aumentar, ajudando a alcançar mais rapidamente um ideal.

O alcance das metas é potencializado pelos valores. E infelizmente, nos meus estudos, tenho percebido que a identificação e a ordenação dos valores são distorcidas e em geral focadas no externo, nos outros, o que causa confusão mental e emocional na mulher.

Às vezes, as pessoas estabelecem metas, mas tentam conquistá-las sem satisfazer os valores que as fizeram tão atrativas. Identificar o valor que está por trás das metas é imprescindível para atingi-las.

Quando uma meta for estabelecida, deve-se sempre encontrar o valor por trás dela perguntando: "Para mim, qual a importância de conquistar esta meta?". E continuar perguntando até chegar aos valores essenciais.

O sonho é o destino e dá a direção para onde se mover. Ele pode ser transformado em metas positivas, energizantes e motivantes e pode estar relacionado a todas as áreas da vida da mulher. Nessa atividade, a mulher identifica e lista quais são seus sonhos e metas. Num segundo momento, ela descreve o que realmente é importante em sua vida e classifica em grau de importância, dando-lhes uma nota de zero a dez.

Valores são estados mentais importantes para nós que ajudam no comprometimento. São normalmente expressados em termos abstratos, por exemplo: honestidade, amor, amizade, lealdade, diversão, saúde, integridade, intimidade e liberdade. Ir contra seus valores pode causar irritação e frustração, por isso é tão importante ter clareza sobre eles.

Como praticar

- ✓ Anote quais as dez áreas mais importantes de sua vida.
- ✓ Depois, atribua valores de 0 a 10 para classificar a atenção e dedicação que tem dado a essa área e classifique por ordem de importância. Utilize para isso a tabela a seguir.

Tabela – Áreas da vida

Ordem	Área da vida	Nota
1		
2		
3		
4		

5		
6		
7		
8		
9		
10		

Fonte: Elaboração da autora.

Na sequência, ordene seus valores, tendo em mente a importância deles para você. A nota dada, se for baixa, deve idealmente gerar uma atitude positiva que possa ao longo do tempo melhorar a vida.

Escreva uma atitude positiva que irá ter a partir de hoje para melhorar as áreas que estiverem mal posicionadas (repita a área por ordem de importância).

Tabela – Ordenação de valores

Valores	Ordem 1	Ordem 2

Fonte: Elaboração da autora.

Em seguida, reordene esses valores e realoque-os conforme realmente os realiza ou dá importância a eles, comparando a ordem de importância com a real dedicação, para que possa entender a importância do seu principal valor e ter força, sustentabilidade, coragem, energia e equilíbrio emocional para praticá-lo.

Minhas impressões

Perdão

Essa ferramenta é ao mesmo tempo simples e importante. Para sua realização, recomenda-se que a pessoa tenha o acompanhamento de um educador, *coach*, palestrante ou profissional da saúde.

Esse exercício permite à mulher livrar-se da carga de culpa e de confusão mental, emocional, espiritual e psicológica que ela pode ter carregado por toda a vida, o sentimento de culpa de estar suja, o sentimento de que não é suficiente, de que já foi abusada, de que está desamparada. Pelo fato de essa ferramenta atingir camadas muito profundas do ser feminino, é importante que o exercício seja feito com o acompanhamento de um profissional. A prática serve para que a mulher possa se libertar, se perdoar e entender que o perdão e a reconstrução do eu são um exercício diário e constante. É uma ferramenta fundamental para que ela reconstrua o seu ser. Escrever a carta de perdão e realizar o ensaio mental permite à mulher compreender que ela está se libertando de um passado doloroso e se permitindo ir além.

Como praticar

- ✓ Sempre com a ajuda de um profissional habilitado, busque em seu passado tudo aquilo que a feriu e os motivos de todos esses sofrimentos e problemas emocionais em sua vida.
- ✓ Feita essa identificação, elabore uma "carta de acusação" a todas as pessoas que a feriram, na qual conste todo e qualquer abuso sofrido.

✓ Em seguida, rasgue essa carta, simbolizando o perdão liberado aos que a feriram, de modo que você se sinta libertada das amarras do passado e se permita uma nova vida.

Pratique diariamente o autoperdão, o autoamor e a gratidão consciente.

Minhas impressões

✐ Validação pessoal

Esse exercício serve para reforçar a autoimagem, a autoestima e a valorização do eu, bem como proporcionar a autopercepção da mulher. É uma prática diária de validação pessoal que traz autopercepção, autoconsciência e clareza mental à mulher, fortalecendo o seu eu e suas habilidades, fazendo emergir tudo de bom que ela é, o que sabe fazer, o que pode ser e o que pode se tornar por meio da validação pessoal diária.

A afirmação pessoal diária ressalta o que a mulher é, o que ela merece ser, onde vive, o que quer fazer em termos de profissão, o que deseja ser e realizar, quais são seus sonhos, o que está se tornando e o que irá conquistar nos próximos anos.

Como praticar

✓ Inicialmente, elabore uma lista com várias características positivas a seu respeito e outras que deseja desenvolver. Todas as frases dessa lista devem ser iniciadas com “Eu sou”.

✓ Diante do espelho, repita o “Eu sou” e exalte suas qualidades, tanto aquelas que já a definem hoje como as que deseja conquistar e integrar à sua personalidade.

✓ **Exemplo:**

- ◇ Eu sou forte
- ◇ Eu sou amorosa
- ◇ Eu sou empenhada
- ◇ Eu sou alegre
- ◇ Eu sou amiga
- ◇ Eu sou bondosa
- ◇ Eu sou uma mulher de fé
- ◇ Eu sou doadora

- ◇ Eu sou caridosa
- ◇ Eu sou generosa...

Este exercício é pedra fundamental. Dispense tempo, energia e atenção a ele.

Somado à autoconsciência e a atitude de mudar para melhor, irá redirecionar sua vida.

Acredite! Faça e veja os resultados.

Minhas impressões

Gratidão

Estudos mostram que as pessoas gratas são mais felizes. Porém, muitas vezes diante de rotinas estressantes, vivendo com excesso de tarefas para realizar, enfrentando escassez financeira ou turbulência com filhos e com o marido, ou mesmo prováveis frustrações pessoais, muitas mulheres se esquecem do que já possuem, de suas qualidades, dos motivos que têm para serem gratas.

Usar o fator gratidão como mola propulsora para o aumento da felicidade é uma proposta da inteligência emocional feminina, para que a mulher possa entender seu contexto e suas mazelas, fraquezas, sofrimentos, angústias, mas também para que possa alcançar clareza sobre tudo aquilo que já tem de bom.

Ao contrário da ingratidão, que gera males psicossomáticos, a gratidão é o remédio natural para muitas doenças psíquicas e emocionais e até para dores físicas, e outros problemas decorrentes do excesso de tarefas, da raiva e de tudo que pode acarretar danos à saúde da mulher.

Como praticar

- ✓ Liste cinco motivos de gratidão. Isso a ajuda a entender o que você já possui de bom.
- ✓ Repita o exercício diariamente, por no mínimo um mês, permitindo que o hábito de agradecer seja estabelecido.

Minhas impressões

Reciclagem socioemocional

Esta ferramenta analisa e identifica como a mulher se relaciona com os outros, com quem ela mais gosta de interagir, tanto no âmbito profissional como no âmbito de amizade, e quais são as pessoas com quem tem dificuldade para lidar. Essa clareza no âmbito socioemocional é muito importante para que a mulher possa identificar seus comportamentos e corrigi-los, se necessário, mas que ela possa se orientar com mais clareza a partir do uso das ferramentas da inteligência emocional feminina.

Como praticar

- ✓ Num papel, faça uma lista das pessoas com quem você se relaciona melhor.
- ✓ Em seguida, faça uma lista das pessoas com quem você tem dificuldade para se relacionar.
- ✓ Procure então descobrir e registrar por que você tem problemas de relacionamento com essas pessoas. Muitas vezes, os defeitos que identificamos nos outros são exatamente

aqueles que apresentamos e que não queremos reconhecer em nós mesmos.

- ✓ Faça uma lista do que você poderia modificar para ter um relacionamento melhor com essas pessoas.
- ✓ Se for o caso, faça uma lista de pessoas das quais você realmente precisa se afastar (se possível for), pelo fato de elas estarem sendo nocivas à sua vida.
- ✓ Volte periodicamente a essas listas, para ver o que pode modificar nelas.

Minhas impressões

Autopercepção sexual

Essa ferramenta aborda como a mulher se sente em relação à sua sexualidade e sensações, quanto ela se cuida em relação aos exames físicos (de mama, ginecológicos, por exemplo), quanto se permite perceber no âmbito do prazer sexual, quanto realmente não está vivendo sua sexualidade de maneira plena por barreiras comportamentais, culturais ou pela imposição de altos padrões de beleza inalcançáveis, que abalam sua confiança em relação ao seu corpo e à sua sexualidade.

Essa é mais uma das ferramentas que podem ser aplicadas pelo educador, pelo palestrante, pelos profissionais da saúde. Trata-se de um questionário simples, com perguntas que devem ser classificadas em uma escala de 0 a 10 em relação à sua sexualidade e à vida sexual com o parceiro.

Ressalto que, dentro dos meus atendimentos, muitas mulheres, principalmente de 30 a 45 anos, que em sua maioria se casaram muito jovens, relataram não ter relações sexuais com frequência com o parceiro, pois o nível de contato, de carinho, de afeto e de sexo era pequeno, e muitas já não se percebiam como mulher no plano sexual, reclamando bastante de ter essa área da vida esquecida. Várias delas responsabilizavam o parceiro.

É importante trazer à tona a autorresponsabilidade, o autoconhecimento, o porquê de gostar ou não e o motivo para ter relação sexual com o parceiro. É preciso que a mulher se perceba como centro da sua vida, para que possa se permitir sentir prazer, ver a si mesma como uma mulher com todas as possibilidades de desfrutar do seu corpo e da sua sexualidade, sem imposições de beleza inalcançável e conceitos religiosos ou culturais negativos.

Como praticar

Para este exercício, o ideal é você contar com a ajuda de um *coach* ou profissional de saúde, que irá lhe fazer as perguntas que possam lhe trazer mais clareza sobre você mesma. Entre as perguntas possíveis, e sobre as quais você poderá refletir, estão:

- ✓ Quanto realmente me sinto bonita?
- ✓ Eu me sinto plena na área sexual?
- ✓ Eu me sinto segura em relação ao meu parceiro sexual?
- ✓ Quanto acredito que meu parceiro está satisfeito com meu corpo?
- ✓ Quanto acredito que meu parceiro está satisfeito com nossa sexualidade?

Minhas impressões

Identificação de comportamentos

Os vícios emocionais, culturais e comportamentais femininos são abordados aqui para que a mulher possa entendê-los, ter consciência, percepção e clareza em relação a eles, e com isso eliminá-los. É importante que ela entenda que, por influência da mídia, sua existência está repleta de comportamentos culturais ou sociais que fazem dela um verdadeiro inferno, sem que ela perceba.

Essa ferramenta ajuda a mulher a identificar quais comportamentos gostaria de eliminar e quais ações e atitudes é importante adotar para eliminar o comportamento nocivo.

Como praticar

- ✓ Reserve um tempo de meia hora no seu cotidiano e reflita sobre quais comportamentos gostaria de eliminar de sua vida.
- ✓ Definidos esses comportamentos, procure determinar quais ações e atitudes você deveria adotar para eliminá-los.
- ✓ De preferência, anote as conclusões a que chegou e volte periodicamente a elas, para trabalhar outros que tenha detectado depois de iniciar a prática do exercício.

Minhas impressões

Formas de se anestesiar

Outro exercício proposto dentro do programa de inteligência emocional feminina é buscar entender as formas de se anestesiar que a mulher vem usando para não enfrentar seus desafios.

É uma ferramenta simples, que traz clareza à vida da mulher, para que ela possa decidir o que fazer, identificar os hábitos ruins ou as anestesias que pode realmente eliminar de sua vida. Também serve para lhe mostrar como ela pode substituí-los por novos bons hábitos, como ela pode buscar outras formas de prazer, a fim de que não mais se anestesie.

Como praticar

✓ Reflita sobre quais são os hábitos femininos ruins que você vem tendo durante toda sua vida e que talvez venham prejudicando você e sua família. A lista a seguir sugere alguns fatores a que esses hábitos podem estar associados e que a ajudam a anestesiar-se diante da vida:

◇ álcool;

  - ◇ pornografia;
  - ◇ fofoca;
  - ◇ preguiça;
  - ◇ drogas;
  - ◇ vitimização;
  - ◇ novelas;
  - ◇ palavrões;
  - ◇ descontar nos filhos;
  - ◇ violência física;
  - ◇ comer em excesso;
  - ◇ uso de anfetaminas;
  - ◇ excesso de gastos com o visual;
  - ◇ compras em excesso de roupas e produtos de beleza.

✓ Faça uma lista de hábitos saudáveis que você pode adquirir e que vão ajudá-la a combater essas práticas nocivas. Algumas sugestões são:

  - ◇ preparar comidas saudáveis;
  - ◇ desenvolver a leitura;
  - ◇ desenvolver uma nova atividade;
  - ◇ voltar a se encontrar com as amigas;
  - ◇ praticar um esporte;
  - ◇ reservar tempo para si mesma.

Minhas impressões

O que a torna vulnerável?

A vulnerabilidade é definida como o estado de um indivíduo ou de um grupo que por alguma razão tem sua capacidade de autodeterminação reduzida, podendo enfrentar dificuldades para proteger seus próprios interesses, devido a déficits de poder, inteligência, educação, recursos, forças ou outro atributo.

O que a Torna Vulnerável? é outro exercício utilizado para potencializar a inteligência emocional feminina, buscando identificar juntamente com a mulher o que a faz vulnerável, o que a desestabiliza, o que a deixa insegura e com medo.

Com a aplicação dessas ferramentas, tenho como objetivo trazer autoconhecimento, autopercepção, autoconsciência, para que a mulher esteja verdadeiramente no centro da sua vida e dessa maneira possa tomar decisões mais assertivas, assim como agir com mais coragem e certeza, deixando de ser fraca em momentos nos quais não é e de querer se mostrar forte em momentos em que está despedaçada.

Como praticar

- ✓ Faça a si mesma a pergunta: “O que me torna vulnerável?”.
- ✓ Reserve um tempo para refletir sobre o assunto e anote o que lhe vier à cabeça.
- ✓ Você pode também se inspirar nos seguintes temas sugeridos a seguir, que podem estar nessa classificação.

  - ◇ filhos;
  - ◇ o relacionamento;
  - ◇ doença;
  - ◇ desemprego;
  - ◇ problemas na área sexual;
  - ◇ autoimagem;

- ◇ opinião alheia;
- ◇ dinheiro;
- ◇ emprego;
- ◇ convivência com outras pessoas;
- ◇ entrevistas de emprego.

- ✓ Feita a lista, reflita sobre cada item e procure tomar consciência de como cada um desses fatores a influencia.
- ✓ Se preferir, anote essas reflexões, pois isso irá ajudá-la a ter mais clareza sobre os problemas e a lidar melhor com eles.
- ✓ Periodicamente, volte a essa lista e veja os progressos que fez.

Minhas impressões

Novas ferramentas

Para a reedição deste livro, adicionamos uma nova seção com 11 ferramentas práticas, pensadas para apoiar a leitora no desenvolvimento de sua inteligência emocional. Além das estratégias presentes na edição anterior, esta nova abordagem foca em recursos mais profundos e personalizados, com o objetivo de trazer mais clareza, autoconfiança e equilíbrio emocional para o dia a dia.

Cada ferramenta foi projetada com a intenção de ajudar a leitora a se reconectar consigo mesma, a identificar pontos fortes, a superar desafios e a lidar de forma construtiva com suas emoções e relações. A inteligência emocional é um dos caminhos mais eficazes para que mulheres alcancem uma visão mais ampla sobre seu potencial e se posicionem como protagonistas de suas histórias.

Essas ferramentas promovem o autoconhecimento e a regulação emocional, facilitando o desenvolvimento da inteligência emocional e permitindo que a leitora lide melhor com os desafios da vida cotidiana.

Esperamos que essas novas práticas contribuam para um entendimento mais profundo de quem você é e do que pode alcançar. Que essas ferramentas sejam recursos valiosos em sua jornada de crescimento e autodescoberta.

1. Diário Emocional

✓ **Como usar:** diariamente, você pode registrar seus sentimentos e reações a situações cotidianas. Este simples exercício de escrita ajuda a reconhecer e nomear emoções, promovendo uma maior autoconsciência. Ao reler as anotações, é possível identificar padrões emocionais e gatilhos, o que facilita o entendimento das próprias reações e melhora o controle emocional.

2. Técnicas de respiração e *mindfulness*

✓ **Como usar:** praticar a respiração consciente e o *mindfulness* ajuda a aumentar o foco e a reduzir a ansiedade. Uma prática simples de três minutos de respiração profunda, concentrando-se apenas na entrada e saída do ar, pode auxiliar no controle emocional e na clareza mental em momentos de estresse. Essa prática fortalece a capacidade de manter a calma e pensar com clareza mesmo sob pressão.

3. Análise de Pensamentos (ou "Julgamento Interior")

✓ **Como usar:** é possível realizar uma análise dos pensamentos automáticos que surgem em resposta a eventos. Por exemplo, ao identificar um pensamento negativo ("Eu não sou boa o suficiente"), você pode refletir se ele é realista ou exagerado. Ao questionar a veracidade e a utilidade desses pensamentos, começa-se a desenvolver um pensamento mais equilibrado e positivo, melhorando a autoestima e o controle sobre as emoções.

4. Técnica da Escuta Ativa

✓ **Como usar:** a escuta ativa envolve ouvir o outro com atenção plena, sem interrupções, e fazer perguntas para entender a perspectiva da outra pessoa. Praticar essa técnica ajuda a melhorar a empatia e as relações interpessoais, fortalecendo a inteligência emocional. Pode ser usada em conversas diárias, com o objetivo de entender antes de responder, promovendo conexões mais profundas e compreensivas.

5. Visualização Positiva

✓ **Como usar:** a visualização é uma ferramenta poderosa para criar uma imagem mental de metas e realizações. Ao reservar alguns minutos para visualizar situações de sucesso, imaginando-se calma, confiante e assertiva, prepara-se emocionalmente para enfrentar desafios. Isso fortalece a confiança e encoraja uma postura positiva diante dos objetivos.

6. Mapa de Valores Pessoais

- ✓ **Como usar:** esta ferramenta permite que se identifique e organize valores fundamentais, respondendo a perguntas como: "O que é mais importante para mim?" e "Quais são as minhas prioridades?". Ao refletir sobre essas questões, pode-se alinhar as ações diárias aos valores, promovendo uma vida mais autêntica e significativa.

7. Reconhecimento de Qualidades e Potenciais

- ✓ **Como usar:** um exercício de reconhecimento de qualidades ajuda a identificar suas forças e habilidades, muitas vezes subestimadas. Você pode listar qualidades que admira em si mesma, como resiliência, criatividade ou empatia, e refletir sobre como essas características ajudam em sua vida pessoal e profissional. Reconhecer suas qualidades permite uma maior autoconfiança e ajuda a enfrentar desafios com mais segurança.

8. Ciclo de Reflexão e Revisão Semanal

- ✓ **Como usar:** esta prática semanal permite revisar seu progresso pessoal e emocional. Ao final de cada semana, você pode refletir sobre os sucessos, dificuldades e aprendizados, anotando o que funcionou bem e o que precisa ser ajustado. Essa prática contínua de autorreflexão promove uma percepção crescente de suas próprias emoções e escolhas, fortalecendo a autoconsciência e promovendo mudanças significativas.

9. Visualização do Futuro Ideal

✓ **Como usar:** a prática de visualização do futuro ajuda a se imaginar em um cenário ideal, no qual atingiu objetivos e desenvolveu as qualidades que deseja. Você pode fechar os olhos e visualizar como se sente, como age e como pensa em sua melhor versão. Isso permite maior clareza sobre seus desejos e ajuda a criar uma visão inspiradora para o futuro, promovendo motivação para buscar sua melhor versão e agir de acordo com ela.

10. Fortalecimento e Resiliência contra Etarismo e Woollying

✓ **Objetivo:** esta ferramenta é desenvolvida para que as mulheres possam criar resiliência emocional e fortalecer a autoimagem ao enfrentar preconceitos como o etarismo (discriminação etária) e o woollying (bullying entre mulheres). O propósito é oferecer exercícios práticos para que cada mulher compreenda e desafie as pressões sociais relacionadas à idade e ao relacionamento com outras mulheres, promovendo a sororidade e a autovalorização.

Passo a passo da ferramenta:

✓ **Identificação de Crenças Limitantes:** faça uma lista das crenças que você acredita limitar suas ações ou ambições. Pode incluir frases como “Estou velha demais para…” ou “Mulheres da minha idade não deveriam…” Essas frases devem ser observadas como padrões de pensamento externos que precisam ser desafiados.

✓ **Exercício de Autovalorização:** crie um “Diário de Autovalorização”, onde, diariamente, você anota um feito ou característica pessoal de que se orgulha. Esta prática ajuda a construir uma visão positiva e acolhedora de si mesma, combatendo a desvalorização que etarismo e woollying podem causar.

- ✓ **Ressignificação de Experiências:** liste experiências ou momentos em que se sentiu desvalorizada por conta da idade ou de interações negativas entre mulheres. Ao lado de cada item, escreva o que você aprendeu e como isso a ajudou a crescer. Este exercício visa transformar situações negativas em oportunidades de fortalecimento.
- ✓ **Rede de Apoio e Sororidade:** crie um círculo de apoio entre amigas, colegas ou familiares, onde todas possam compartilhar desafios e triunfos sem julgamentos. Reuniões semanais ou mensais ajudam a cultivar uma cultura de sororidade, em que cada mulher pode ajudar as outras a enfrentar preconceitos e celebrar conquistas.
- ✓ **Afirmações de Propósito e Resiliência:** pratique diariamente frases que reforcem seu propósito e valor incondicional. Afirmações como "Eu sou digna de respeito e valorização, independente da minha idade" e "Fortalecer outras mulheres é fortalecer a mim mesma" ajudam a solidificar sua autoconfiança.

11. Círculo de Autocuidado: Corpo e Mente em Equilíbrio

- ✓ **Objetivo:** este exercício é planejado para ajudar a leitora a refletir sobre o autocuidado físico como um pilar essencial para a inteligência emocional. Ele aborda a reeducação alimentar, a importância do descanso e a integração de hábitos saudáveis no dia a dia, incentivando a criação de um estilo de vida equilibrado.

Passo a passo:

- ✓ **Desenhe seu Círculo de Autocuidado:** Pegue uma folha de papel e desenhe um círculo grande. Divida-o em três partes iguais, representando os pilares principais:
  - ◇ **Alimentação Saudável**
  - ◇ **Movimento Físico**
  - ◇ **Descanso e Relaxamento**
- ✓ **Reflexão Inicial:** Escreva, dentro de cada seção, as práticas que você já realiza e que considera positivas para sua saúde física e emocional. Por exemplo:
  - ◇ Em **Alimentação Saudável**, você pode listar: "como vegetais diariamente" ou "evito o consumo de ultraprocessados".
  - ◇ Em **Movimento Físico**, algo como: "faço caminhadas leves três vezes por semana."
  - ◇ Em **Descanso e Relaxamento**, pode citar: "estabeleço um horário fixo para dormir."
- ✓ **Identifique os Pontos de Melhoria:** Ao lado do círculo, crie uma lista de pequenas mudanças que você gostaria de implementar em cada área. Use perguntas orientadas:
  - ◇ **Alimentação Saudável:** O que posso mudar na minha dieta para me sentir mais energizada?
  - ◇ **Movimento Físico:** Qual atividade prazerosa posso incluir na minha rotina?
  - ◇ **Descanso e Relaxamento:** Estou dormindo o suficiente? Como posso melhorar meu sono ou reservar momentos de pausa no dia?

✓ **Plano de Ação Semanal:** Escolha uma ou duas ações simples para começar em cada pilar. Use a tabela abaixo como guia para planejar suas semanas:

PILAR	AÇÃO ESCOLHIDA	FREQUÊNCIA	RESULTADO ESPERADO
1. Alimentação Saudável	Incluir pelo menos 5 porções de frutas e vegetais em cada refeição	Diária	Aumento de energia e melhora na saúde geral
2. Hidratação	Beber no mínimo 2 litros de água ao longo do dia	Diária	Melhora na hidratação, clareza mental e funcionamento corporal
3. Exercício Físico	Praticar 30 minutos de atividade física (caminhada, yoga, dança)	5 vezes por semana	Maior disposição, melhora do humor e controle do estresse
4. Sono e Descanso	Dormir de 7 a 8 horas por noite	Diária	Recuperação física e mental, aumento da produtividade
5. Meditação/ Mindfulness	Reservar 10 minutos para meditação ou prática de mindfulness	Diária	Redução da ansiedade, aumento da clareza e concentração
6. Atividades de Lazer	Dedicar pelo menos 1 hora diária a um hobby ou atividade prazerosa	Diária	Promoção do relaxamento e equilíbrio emocional

7. Desenvolvimento Pessoal	Ler, estudar ou realizar cursos online por 30 minutos	Diária	Crescimento pessoal e profissional, ampliação do conhecimento
8. Conexão Social	Agendar encontros ou conversas significativas com amigos e familiares	Pelo menos 2 vezes por semana	Fortalecimento de vínculos e suporte emocional
9. Prática de Gratidão	Escrever diariamente 3 coisas pelas quais você é grata	Diária	Aumento da positividade e valorização das pequenas conquistas
10. Revisão e Reflexão	Reservar 15 minutos ao final da semana para refletir sobre os progressos e ajustar o plano	Semanal	Maior autoconhecimento, ajuste de metas e aprimoramento contínuo

✓ **Prática da Gratidão:** Ao final de cada semana, dedique alguns minutos para refletir e escrever no seu diário ou caderno de autocuidado:

◇ O que você conseguiu implementar?

◇ Como essas mudanças impactaram seu bem-estar físico e emocional?

◇ Que benefícios você vê ao cuidar do seu corpo e da sua mente?

✓ **Celebrando Pequenos Avanços:** Reserve um momento para considerar e celebrar as mudanças realizadas, por menores que pareçam. A construção de hábitos é um processo contínuo, e cada passo é um progresso.

- ✓ **Dica Extra:** Conecte-se com um profissional de saúde, como um nutricionista ou educador físico, para orientações mais específicas sobre alimentação e movimento. Além disso, considere incluir momentos de mindfulness ou meditação guiada na rotina, complementando o descanso com práticas de relaxamento mental.
  Essa ferramenta não apenas promove a inteligência emocional ao cultivar o autocuidado, como também fortalece a conexão entre corpo e mente, essencial para uma vida mais equilibrada e saudável.

Chegamos ao final desta jornada, mas o caminho da inteligência emocional feminina é contínuo. Ao longo deste livro, exploramos desafios, reflexões e ferramentas para fortalecer a conexão das mulheres, permitindo que cada uma reconheça seu próprio valor, suas emoções e seu potencial.

A inteligência emocional não é um destino final, mas um processo diário de autoconhecimento, resiliência e crescimento. Aprender a equilibrar razão e emoção, fortalecer a autoestima e cultivar relações saudáveis são passos fundamentais para uma vida mais leve e autêntica.

Que este livro tenha sido um convite para olhar para si com mais gentileza e coragem. E que, ao seguir adiante, você se lembre de que sua trajetória é única, valiosa e digna de reconhecimento.

Você não precisa carregar tudo sozinha — há força na sororidade, no autocuidado e na permissão para ser quem você realmente é. Afinal, inteligência emocional é, acima de tudo, a liberdade de viver sua verdade com plenitude.

> ***Que cada mulher seja protagonista da própria história, confirmando sua força, sua voz e seu valor. A verdadeira transformação começa de dentro para fora.***

Fim da seção

Nossa conversa neste capítulo abordou:

☑ Exercícios e práticas que podem contribuir para o seu aperfeiçoamento pessoal.

REFERÊNCIAS

AGÊNCIA PATRÍCIA GALVÃO. *Especialistas analisam o marketing sobre o corpo da mulher.* Out. 2011. Disponível em: http://agenciapatriciagalvao.org.br/site-antigo/mulheres-de-olho-antigo/18102011-o-marketing-da-mulher-clam/. Acesso em: maio 2018.

AMERICAN PSYCHOLOGICAL ASSOCIATION (APA). *Stress in America 2020: a national mental health crisis.* Washington, DC: APA, 2020. Disponível em: https://www.apa.org/news/press/releases/stress/2020/report-october. Acesso em: 26 fev. 2025.

ARAÚJO, Maria de Fátima. Diferença e igualdade nas relações de gênero: revisitando o debate. *Psic. Clin.*, Rio de Janeiro, v. 17, n. 2, p. 45-52, 2005. Disponível em: http://www.redalyc.org/html/2910/291022005004/. Acesso em: 23 maio 2018.

ARRUDA, CG; FERNANDES, A; CEZARINO, P. Y. A.; SIMÕES, R. *Tensão pré-menstrual.* Projeto Diretrizes. Federação Brasileira das Associações de Ginecologia e Obstetrícia e Sociedade Brasileira de Medicina de Família e Comunidade. Associação Médica Brasileira e Conselho Federal de Medicina, 2011. Disponível em: https://diretrizes.amb.org.br/_BibliotecaAntiga/tensao_pre_menstrual.pdf. Acesso em: 24 maio 2018.

BARBOSA, Maria José Somerlate. Chorar, verbo transitivo. *Cadernos Pagu*, v. 11, p. 321-343, 1998. Disponível em: https://periodicos.sbu.unicamp.br/ojs/index.php/cadpagu/article/view/8634637. Acesso em: 24 maio 2018.

BAR-ON, Reuven; PARKER, James D. A. *Manual de inteligência emocional: teoria, desenvolvimento avaliação e aplicação em casa, na escola e no local de trabalho.* Trad. Ronaldo Cataldo Costa. Porto Alegre: Artmed, 2002.

BERNUSSI, Mariana. (Des)igualdade de gênero nos Estados Unidos. *Terra em Transe*, Rio de Janeiro, jan. 2017. Disponível em: http://outraspalavras.net/terraemtranse/2017/01/26/desigualdade-de-genero-nos-estados-unidos/. Acesso em: 24 maio 2018.

BÔAS, Bruno Villas. Mulheres ocupam apenas 38% dos cargos de chefia no Brasil. *Valor Econômico*, Rio de Janeiro, mar. 2018. Disponível em: http://www. valor.com.br/brasil/5368813/mulheres-ocupam-apenas-38-dos-cargos-de-chefia-no-brasil-aponta-ibge. Acesso em: 23 maio 2018.

BOMFIM, Mariana. De piada sobre TPM a servir cafezinho: como lidar com machismo no trabalho?. *UOL*, São Paulo, out. 2016. Disponível em: https://economia.uol.com.br/empregos-e-carreiras/noticias/redacao/2016/10/06/de-piada-sobre-tpm-a-servir-cafezinho-como-lidar-com-machismo-no-trabalho.htm?-cmpid=copiaecola. Acesso em: 26 maio 2018.

BOSCO, Adriana Perassi. *Entre a essência e a construção: experiências cotidianas do feminino a partir da produção fotográfica de jovens mulheres paulistanas*. Dissertação (Mestrado em Psicologia Social) – Instituto de Psicologia, Universidade de São Paulo, São Paulo, 2009. Disponível em: http://www.teses. usp.br/teses/disponiveis/47/47134/tde-27112009112839/pt-br.php. Acesso em: 27 maio 2018.

BRASIL. Ministério da Saúde. *Doenças relacionadas ao trabalho: manual de procedimentos para os serviços de saúde* / Ministério da Saúde do Brasil, Organização Pan-Americana da Saúde no Brasil; organizado por Elizabeth Costa Dias; colaboradores Idelberto Muniz Almeida *et al.* Brasília: Ministério da Saúde do Brasil, 2001. Disponível em: http://bvsms.saude.gov.br/bvs/publicacoes/doencas_relacionadas_trabalho1.pdf. Acesso em: 25 maio 2018.

_______. *10 cuidados primordiais para a saúde da mulher*. Mar. 2018. Disponível em: http://www. blog.saude.gov.br/index.php/promocao-da-saude/53244-10-cuidados-primordiais-para-a-sau de-da-mulher. Acesso em: 24 maio 2018.

______. *Protocolos da atenção básica: saúde das mulheres* / Ministério da Saúde, Instituto Sírio-Libanês de Ensino e Pesquisa – Brasília: Ministério da Saúde, 2016. 230 p. Disponível em: http://portalms.saude.gov.br/saude-para-voce/saude-da-mulher/publicacoes. Acesso em: 25 maio 2018.

BRITO, Carolina. *Mulheres são minoria entre reitores e bolsas de pesquisa*. Instituto de Matemática Pura e Aplicada. Rio de Janeiro, fev. 2018. Disponível em: https://impa.br/page-noticias/mulheres-sao-minoria-entre-reitores-e-bolsas-de-pesquisa/. Acesso em: 25 maio 2018.

BUENO, Samira *et al.* Feminicídios em 2023. *Fórum Brasileiro de Segurança Pública*, 2024. Disponível em: https://publicacoes.forumseguranca.org.br/items/77f6dcce-06b7-49c1-b227-fd625d979c85. Acesso em: 26 fev. 2025.

BUONOCORE, Jackson César. Ditadura da beleza: a busca inatingível do corpo perfeito. *Psicologia do Brasil*, maio 2018. Disponível em: https://www.psicologiasdobrasil.com.br/ditadura-da-beleza-busca-inatingivel-do-corpo-perfeito/. Acesso em: 24 maio 2018.

CARVALHO, Pedro Henrique Berbert de. *Adaptação e avaliação do modelo teórico de influência dos três fatores de imagem corporal para jovens brasileiros*. 2016. 195 f. Tese (Doutorado em Psicologia) – Universidade Federal de Juiz de Fora, Juiz de Fora, 2016. Disponível em: http://www.ufjf.br/labesc/files/2015/03/Tese_Pedro-Henrique-Berbert-de-Carvalho_para-jovens-brasileiros.pdf. Acesso em: 23 maio 2018.

CONCEIÇÃO, Antônio Carlos Lima da. Teorias feministas: da “questão da mulher” ao enfoque de gênero. *Revista Brasileira de Sociologia da Emoção* – RBSE, 8 (24), p. 738-757, 2017. Disponível em: http://www.cchla.ufpb.br/rbse/Conceicao_art.pdf. Acesso em: 24 maio 2018.

ORGANIZAÇÃO INTERNACIONAL DO TRABALHO (OIT). Covid-19 and the world of work: Impact and policy responses. *Organização Internacional do Trabalho*, 18 mar. 2020. Disponível em: https://www.ilo.org/media/9996/download. Acesso em: 26 fev. 2025.

CURY, Augusto Jorge. *Gestão da emoção:* técnicas de coaching emocional para gerenciar a ansiedade, melhorar o desempenho pessoal e profissional e conquistar uma mente livre e criativa. São Paulo: Saraiva, 2015.

_______. *A ditadura da beleza e a revolução das mulheres*. Rio de Janeiro: Sextante, 2005.

DOVE SELF-ESTEEM PROJECT. The real cost of beauty ideals. *Dove*, 2022. Disponível em: https://hsph.harvard.edu/wp-content/uploads/2024/10/Real-Cost-of-Beauty-Ideals-Report.pdf. Acesso em: 26 fev. 2025.

FARIAS, Gabrielle Lima de *et al.* Ditadura da beleza. *Scientia Plena Jovem*, v. 5, n. 1, 2017, Colégio de Aplicação (Codap) – Universidade Federal de Sergipe, Sergipe, 2017. Disponível em: www.spjovem.com.br/index.php/SPJ/article/download/20/15>. Acesso em: 22 mai. 2018.

FELIPE, Leandra. Mulheres são donas de 31% de empresas nos Estados Unidos. *Agência Brasil*, mar. 2018. Disponível em: http://agenciabrasil.ebc.com.br/internacional/noticia/2018-03/editada-mulheres-sao-donas-de-31-das-empresas-privadas-nos-estados. Acesso em: 25 maio 2018.

FONSECA, Rosa Maria Godoy Serpa da. A educação e o processo de inclusão: exclusão social da mulher: uma questão de gênero? *Rev. Bras. Enferm.*, Brasília, v. 48, n. 1, p. 51-59, mar. 1995. Disponível em: http://www.scielo.br/scielo.php?script=sci_arttext&pid=S0034-71671995000100008&lng=en&nrm=iso. Acesso em: 25 maio 2018.

FREITAS, James Deam Amaral. *Anúncios publicitários e identidade de gênero: uma análise comparativa das revistas Elle e Capricho*. 2005. 118 f. Tese (Mestrado em Letras e Linguística) – Universidade Federal de Goiás, Goiânia, 2005. Disponível em: https://www.pagu.unicamp.br/pf-pagu/public-files/arquivo/dissertacao_james_deam_amaral_freitas.pdf#overlay-context=pt-br/content/banco-teses. Acesso em: 25 maio 2018.

GAMA, Júlia de Fátima Ribeiro *et al.* A ditadura da beleza: conceito estereotipado de estética e os níveis de satisfação com a imagem corporal em alunas do Instituto Federal Fluminense. *Revista Científica Linkania Master* – ISSN: 2236-6660. Universidade Castelo Branco, ano 1, n. 1, set.-out., 2011. Disponível em: http://linkania.org/master/article/view/18. Acesso em: 22 maio 2018.

GIKOVATE, Flávio. *Reflexão sobre o feminino (entendendo a mulher)*. 2012. Disponível em: http://flaviogikovate.com.br/reflexoes-sobre-o-feminino/. Acesso em: 22 maio 2018.

GODOS, Raquel. Estados Unidos também vivem realidade de mulheres sem representação e desvalorizada. *UOL Notícias*, jan. 2018. Disponível em: https://noticias.uol.com.br/ultimas-noticias/efe/2018/01/19/eua-tambem-vivem-realidade-de-mulheres-sem-representacao-e-desvalorizadas.htm. Acesso em 25 maio 2018.

GOLEMAN, Daniel. *Inteligência emocional:* a teoria revolucionária que define o que é ser inteligente. 2. ed. Rio de Janeiro: Objetiva, 2012.

______. *Trabalhando com a inteligência emocional.* 2. ed. Rio de Janeiro: Objetiva, 2001.

HIRATA, Helena. Trabalho doméstico: uma servidão voluntária?. *In:* GODINHO, T.; SILVEIRA, M. L. da (Orgs.), *Políticas públicas e igualdade de gênero.* São Paulo, Coordenadoria Especial da Mulher, p. 43-54, 2004. 188 p. Disponível em: http://library. fes.de/pdf-files/bueros/brasilien/05630.pdf. Acesso em: 22 maio 2018.

HOWARD, Caroline. 27 mulheres mais poderosas do mundo em 2017. *Forbes Brasil*, nov. 2017. Disponível em: http://forbes.uol.com.br/listas/2017/11/25-mulheres-mais-poderosas-do-mundo-em-2017/. Acesso em: 22 maio 2018.

IBGE – INSTITUTO BRASILEIRO DE GEOGRAFIA E ESTATÍSTICA. *Estatísticas de gênero: responsabilidade por afazeres afeta inserção das mulheres no mercado de trabalho.* Estatísticas Sociais, mar. 2018. Disponível em: https://agenciadenoticias.ibge.

gov.br/agencia-noticias/2013-agencia-de-noticias/releases/20232-estatisticas-de-genero-responsabilidade-por-afazeres-afeta-insercao-das-mulheres-no-mercado-de-trabalho.html. Acesso em: 25 maio 2018.

_______. *Estatísticas de gênero – Indicadores sociais das mulheres no Brasil.* Brasil, 2018. Disponível em: https://www.ibge.gov.br/estatisticas-novoportal/ multidominio/genero/20163. Acesso 23 maio 2018.

JABLONSKI, Bernardo. A divisão de tarefas domésticas entre homens e mulheres no cotidiano do casamento. *Psicologia Ciência e Profissão*. Pontifícia Universidade Católica do Rio de Janeiro, 2010, 30 (2), p. 262-275. Disponível em: http://www.scielo.br/scielo.php?pid=S1414-98932010000200004&script=sci_abstract&tlng=pt. Acesso em: 23 maio 2018.

JAMRISKO, Michele. Cresce a participação feminina no mercado de trabalho nos EUA. *UOL*, ago. 2017. Disponível em: https://economia.uol.com.br/noticias/bloomberg/2017/08/16/cresce-a-participacao-feminina-no-mercado-de-trabalho-nos-eua.htm. Acesso em: 22 maio 2018.

KACHANI, Adriana Trejger. *Checagem do corpo em transtornos alimentares: relação entre comportamentos e cognições*. 2012. 216 f. Tese (Doutorado em Ciências) – Faculdade de Medicina da Universidade de São Paulo, Programa de Fisiopatologia Experimental. São Paulo, 2012.

KOMETANI, Pâmela. Só 16% dos presidentes de empresas no Brasil são mulheres. *G1*, mar. 2017. Disponível em: https://g1.globo.com/economia/concursos-e-emprego/noticia/so-16-dos-presidentes-de-empresas-no-brasil-sao-mulheres-diz-pesquisa.ghtml. Acesso em: 23 maio 2018.

LA BOÉTIE, Etienne de. *Discurso sobre a servidão voluntária*. França. [1574?]. Disponível em: http:// www.culturabrasil.org/zip/boetie.pdf. Acesso em: 26 maio 2018.

MAYER, J. D.; SALOVEY, P. (1997). What is emotional intelligence? *In:* SALOVEY, P; SLUYTER, D. J. (Eds.), *Emotional*

Development and Emotional Intelligence: Implications for Educators. Nova Iorque: Basic Books, 1997, p. 3-31.

MCKINSEY & COMPANY. Women in the Workplace 2022. *McKinsey & Company*, 2022. Disponível em: https://www.mckinsey.com/~/media/mckinsey/featured%20insights/diversity%20and%20inclusion/women%20in%20the%20workplace%202022/women-in-the-workplace-2022.pdf. Acesso em: 26 fev. 2025.

MCKINSEY & COMPANY. Women in the Workplace 2023. *McKinsey & Company*, 2023. Disponível em: https://www.mckinsey.com/featured-insights/diversity-and-inclusion/women-in-the-workplace-2023. Acesso em: 27 fev. 2025.

MORENO, Rachel. *A beleza impossível: mulher, mídia e consumo.* São Paulo: Ágora, 2016.

MUSSAK, Eugênio. *Metacompetência: uma nova visão do trabalho e da realização pessoal.* São Paulo: Gente, 2003.

NASCIMENTO DE FARIAS, Marcilene. Reseña de "História das mulheres e as representações do feminino" de Losandro Antonio TEDESCHI. *Revista Estudos Feministas*, v. 17, núm. 3, set.-dez. 2009, p. 924925. Universidade Federal de Santa Catarina, Brasil. Disponível em: http:// www.redalyc.org/articulo.oa?id=38114364021. Acesso em: 24 maio 2018.

NAÇÕES UNIDAS DO BRASIL. *Igualdade de gênero: alcançar a igualdade de gênero e empoderar todas as mulheres e meninas.* Disponível em: https://nacoesunidas.org/pos2015/ods5/. Acesso em: 25 maio 2018.

NAÇÕES UNIDAS DO BRASIL. OMS: uma em cada 3 mulheres em todo o mundo sofre violência. *Nações Unidas*, 10 mar. 2021. Notícias. Disponível em: https://brasil.un.org/pt-br/115652-oms-uma-em-cada-3-mulheres-em-todo-o-mundo-sofre-viol%C3%AAncia. Acesso em: 26 fev. 2025.

NUCCI, Marina Fisher. *Hormônios pré-natais e a ideia de sexo cerebral: uma análise das pesquisas biomédicas sobre gênero e sexualidade*, 2010. 104f. Dissertação (Mestrado em Ciências Humanas e Saúde). Universidade do Estado do Rio de Janeiro, Instituto de Medicina Social Rio de Janeiro, 1994. Disponível em: http://www.bdtd.uerj.br/tde_busca/arquivo.php?codArquivo=1575. Acesso em: 23 maio 2018.

OLIVIERI, Antonio Carlos. Mulheres: uma longa história pela conquista de direitos iguais. *UOL*, Pedagogia e Comunicação. Disponível em: https://vestibular.uol.com.br/resumo-das-disciplinas/atualidades/mulheres-uma-longa-historia-pela-conquista-de-direitos-iguais.htm?cmpid=copiaecola>. Acesso em: 24 maio 2018.

PIRES, Maria Laura Nogueira; CALIL, Helena Maria. Associação entre transtorno disfórico pré-menstrual e transtornos depressivos. *Rev. Bras. Psiquiatr.*, São Paulo, v. 21, n. 2, p. 118-127, jun. 1999. Disponível em: http://dx.doi.org/10.1590/S1516444619990002000011. Acesso em: 29 maio 2018.

RIBEIRO, Paulo Silvino. O papel da mulher na sociedade. *Brasil Escola*. Disponível em: https://brasilescola.uol.com.br/sociologia/o-papel-mulher-na-sociedade.htm. Acesso em: 24 maio de 2018.

RIBEIRO, Regina Fiore. 5 passos para estimular a inteligência emocional do seu filho. *Escola da Inteligência*, jul. 2017. Disponível em: https://escoladainteligencia.com.br/5-passos-para-estimular-a-inteligencia-emocional-do-seu-filho/. Acesso em: 22 maio 2018.

RODRIGUES, Arakcy Martins. *Indivíduo, grupo e sociedade: Estudos de psicologia social.* Lany Sato (Org.). São Paulo: Edusp, 2005. Disponível em: https://books.google.com.br/books?id=SMV-. Acesso em: 21 maio 2018.

SAARNI, Carolyn. Competência emocional: uma perspectiva evolutiva. *In:* BAR-ON, Reuven; PARKER, James D. A. (Org.). *Manual de inteligência emocional*: teoria, desenvolvimento, avaliação e aplicação em casa, na escola e no local de trabalho. Trad. Ronaldo Cataldo Costa. Porto Alegre: Artmed, 2002.

SANTOS, Franklin. *Inteligência emocional.* Recife. Clube de Autores, 2011. Disponível em: https:// books.google.com.br/books?id=FAo-tBQAAQBAJ&pg=PA3&lpg=PA3&dq. Acesso em: 24 maio 2018.

CEPAL. Segundo a CEPAL, em 2022 ao menos 4.050 mulheres foram vítimas de femicídio ou feminicídio na América Latina e no Caribe. CEPAL - *Nações Unidas*, 23 nov. 2023. Disponível em: https://www.cepal.org/pt-br/comunicados/segundo-cepal--2022-menos-4050-mulheres-foram-vitimas-femicidio-ou-feminicidio-america#:~:text=Dos%2019%20pa%C3%ADses%20e%20territ%C3%B3rios,Uruguai%20(1%2C6). Acesso em: 26 fev. 2025.

SILVA, Sergio Gomes da. Preconceito e discriminação: as bases da violência contra a mulher. *Psicol. cienc. prof.*, Brasília, v. 30, n. 3, p., set. 2010. Disponível em: http://pepsic.bvsalud.org/scielo.php?script=sci_arttext&pid=S1414-98932010000300009&lng=pt&nrm=iso>. Acesso em: 25 maio 2018.

TIGGEMANN, M.; SLATER, A. NetGirls: The Internet, Facebook, and body image concern in adolescent girls. *International Journal of Eating Disorders*, v. 46, n. 6, 630-633, 2013.

TORRÃO FILHO, Amílcar. Uma questão de gênero: onde o masculino e o feminino se cruzam. *Cadernos Pagu*, jan.-jun. 2005, p. 127-152. IFCH-Unicamp, Campinas. 2005. Disponível em: http:// www.scielo.br/pdf/cpa/n24/n24a07. Acesso em: 25 maio 2018.

TRAVIS, Dnika J.; THORPE-MOSCON, Jennifer; MCCLUNEY, Courtney. Emotional tax: how black women and men pay more at work and how leaders can take action. *Catalyst*, 2016. Disponível em: https://www.woc-fp.com/library/report-emotional-tax-how-black-women-and-men-pay-more-at-work-and-how-leaders-can-take-action. Acesso em: 26 fev. 2025.

VELASCO, Clara; GRANDIN, Felipe; PINHONI, Marina; FARIAS, Victor. Brasil bate recorde de feminicídios em 2022, com uma mulher morta a cada 6 horas. g1, 8 mar. 2023. Monitor da violência. Disponível em: https://g1.globo.com/monitor-da-violencia/noticia/2023/03/08/brasil-bate-recorde-de-feminicidios--em-2022-com-uma-mulher-morta-a-cada-6-horas.ghtml. Acesso em: 26 fev. 2025.

VIANNA, Claudia; FINCO, Daniela. Meninas e meninos na educação infantil: uma questão de gênero e poder. *Cadernos Pagu*, jul.-dez. 2009, p. 265-283. Disponível em: http://www.scielo.br/pdf/cpa/n33/10. Acesso em: 22 maio 2018.

VIEIRA, Katiane. *Desigualdade entre homens e mulheres cresce no Brasil*. Instituição Nação de Valor. Florianópolis, fev. 2018. Disponível em: http://institutonacaodevalor.org.br/desigualdade-entre-homens-e-mulheres-cresce-e-brasil/. Acesso em: 22 maio 2018.

WATANABE, Phillippe. Meninas de 6 anos já não se acham inteligentes e desistem de atividades. *Folha de S.Paulo*, Caderno Saúde e Equilíbrio, fev. 2017. Disponível em: http://www1.folha.uol.com.br/equilibrioesaude/2017/02/1854691-meninas-de-6-anos-ja--nao-se-acham-inteligentes-e-desistem-de-atividades.shtml. Acesso em: 23 maio 2018.

WORLD ECONOMIC FORUM. *Global Gender Gap Report 2022*. Genebra: World Economic Forum, 2022. Disponível em: https://www.weforum.org/publications/global-gender-gap-report-2022/. Acesso em: 27 fev. 2025.